《大人の本棚》

安楽椅子の釣り師

湯川豊編

みすず書房

安楽椅子の釣り師 ■ 目次

山中暦日

辻まこと

赤毛山（一二三二m）、後赤毛山（一二四三m）。東西およそ四〇キロにわたるこの辺の山地稜線の最西端に位置して、いちばん高い。といえば、およそたいした山地でもないことはお判りのこととおもう。でも海岸からいきなり一二三二mというと、これで登る段になれば、このトシになると相当なもんで、初夏の道なき藪をご想像願えれば一層のこと——知る人ぞ知る——まァ酔狂といわれても仕方がない。

しかし、これで世の中酔狂な人間もなかなか少なくはないものだ。うっかり気をゆるし、原稿料につられて、己が壺中の閑天地を紹介したばかりに、壺を破られ後悔のホゾを噛んだことは一度ならず。だがまた一方では、同好の士君に知らせたいのも人情というもので、誠にままならない。

そこで一計を案じた——というほどのことではないが……とにかく赤毛山なんてのはボクが勝

手につけた偽名です。しかし東北地方の地図でも睨んで拙文を読み、考えて下さるぐらいの熱心な方なら、多分すぐわかることでしょう。

進歩的な技術も用具の知識もさっぱり持ち合わせていないが、これでも長年変則的な山旅をしているので、自分なりの工夫はないことはない。この季節にこの地方へでかけるとなると、まず考えるのは虫対策である。上州信州などの高原地方では農薬のせいで虫が少なくなったらしいが、東北の夏山では依然としてブユやハエやアブその他は優勢で、ボクは画のごとく、折りたたみのクリーハットに手製の蚊帳をぶら下げることにしている。手首も露出してると意外にカユイことになる。本当は手甲が欲しいのだが、長袖下着の先をチョン切ったのと手袋で済ませている。ちかごろのカラフルな衣装は虫を寄せ、魚、鳥、毛物を遠ざけるのに大いに効果があるので用いないことにしている。従ってスタイルははなはだ塩垂れて冴えないので、旅館などでは冷遇されることと間違いなし。しかし下手にかまってもらうよりは、ほっておいてもらう方が気が楽だから一向に気にならない。さてこんなことばかり書いていても仕方がない。

ウトウ沢林道を三キロばかりつめると、二股へでた。林道は右沿いに山腹をからんでいる。古い踏跡がいくらか痕跡を残している左の沢へ入る。夜明け以来アイマイだった空の一角から太陽の光がサット差してきて、気分が明るくなった。気分は明るくなったが沢は両岸屹立してだんだん暗くなりせまくなる。

この崖のところどころに洞穴があって、そこにウトウという海鳥が、昔は群をなして巣をかけていたそうだが、今は全く姿を見ないそうである。善知鳥と書いてどうしてウトウと読むのかもボクは知らない。そうであるとか知らないとかでは全く無責任な次第だが、ちょいと図鑑をみたら、この鳥、嘴の根元にツノのある変わった鳥でエトピリカの親類で、エトピリカはつまりツノメドリみたいな鳥で、これらはみなウミスズミの一族だという。諸君おわかりですかな？ 拙者にはまだよくわからない。ホーンビルドパフィンという英語の名前の方が画を見た限りでは簡単に理解できる。洞穴のことをウトロというのは旧い日本語だからウトウというのはウトロに住む鵜のような鳥という意味があるのかも知れないが、責任は負えない。

巨岩怪石塁を成し層を重ねて水声峡に木霊す……トカナントカ昔の紀行文なら書くところ。腰の竿を取出して岩魚を釣りたいのを、ガマンして先をいそぐ。十時半ごろ滝に突き当たる。すこし戻って右岸を高巻きして、そのまま沢を離れ稜線を目指す。笹が少ないので大助りだった。杖の先にカマをつけて活躍させる。この杖は友人の刀鍛冶が作ってくれた便利な代物で、先に小型のスキをつけたりカマをつけたりできる仕掛けで、藪山歩きには便利だ。稜線へでても一向見晴らしはない。そのまま乗越して北側の斜面を下る。昼をすこしまわったところで鉱山のアトに到着。廃坑なんていうものは、荒涼として陰惨なものなのだが、ここはアンマリ昔なので、よほど注意しないと痕跡も見つからない。平坦な地形のところどころに大石があって、それに無数の穴があいている。古い鉱山ならどこでも見られる石の特徴で、昔の坑夫が新人にタガネの使用法を教育した教材の残りである。

その石の上で第一日の昼めしを食う。一見したところ坑道の穴はどこにもない。赤毛山へ登るとしきりに神かくしに遇うという伝説が、山麓にある。六人ぐらいのパーティが行方不明という事実も残っている。どうもこの古い鉱山の坑道探検にもぐり込んで出られなくなるものらしい。虎穴に入って食われてはタマラナイから変な誘惑に乗らないことにして、北側の斜面を一時間ほど下り、北流するキレイな沢の源頭に近い明るい高河原に到着。まだ陽は高いが、当分逗留するための笹小屋の建築に取り掛かる。簡単なものだが三時間ばかりそれでもかかった。火をおこしパンを焼き、ブタ汁をつくった。フキをゆでてアクをぬき翌日のオカズをつくる。屋根を葺く篠竹を刈りはらった跡の草地に深い穴をあけ雪隠兼ゴミ捨場を制作した。流木で囲ったらワレながら立派なトイレットになった。満足してゆうゆうと夕食にする。向かい山の後赤毛の山頂に夕陽が当たって美しい。シェリーグラスにドリサックを満たし、白いナフキンをひろげた上にツマミを並べて第一夜を祝う。すこし烟たいがこれぞ王侯の饗宴というわけである。

夜中にすこし風がでたようだが、朝ねぼけ頭で大雨の音のごとくに聴いたのは、例によって水の音だ。この錯覚は毎度のことだ。どういうものか一向に慣れることがない。

おだやかに晴れた朝。今回はなんとなく運のいい旅のような気がする。サブザックに水筒とむすびをつめ、望遠鏡、地図、コンパスなどポケットにして赤毛山に向かう。左うぐいす右うぐいす……この草野心平の文句をおもい起こす。ガラ沢をつめ、盲滅法に藪を漕いで向赤毛のてっぺんを目指す。踏跡のない山を登るのは全くのところ面白くない。陽焼けがまだ薄いのに混生林の緑の底でうごめいていると、全身緑色に染められた気持がしてくる。汗ばんだ身体のまわりをしきりにハエだのアブが飛び回る。頂上も樹林の中で見晴らしがよくない。休まずに南東の鞍部を赤毛山に向かう。午後一時三十分、赤毛山頂。ちょっと下った肩の岩の上から日本海が見晴らせる。塩風が涼しい。食事にする。

尾根筋をずっと西の方へ毛物道がついている。そこを下っていくと一時間ばかりで昨日の鉱山跡に着いた。この鉱山は、大昔は源義経のパトロンであった金売り吉次が金を掘ったというイワレがあるが、そんな山は東北地方一体あっちこっちにばらまかれているから、あまり本気にできない。徳川時代は佐竹の殿様のもので、大阪の古着屋でナントカいう政商が代行してやはり金を掘っていたらしい。なぜ古着屋がそんなことをしていたか？　ボクにはマァ関係ないことだからどうでもいいが、オカシナ話だ。

河原の別荘へ帰りついたらドッと疲れがでて、夕まずみに岩魚を釣るはずの気力もなくなって、そそくさと夕食を片付け、ウイスキーを一杯やって寝袋にもぐり込むと、アッという間に眠ってしまった。

眼をさましたら太陽がカンカン当たって汗をかいていた。全く天気はついている。ビクを腰にしてズック靴を穿き、一介の釣人に変身して水辺にでかけた。靴底にボンドではりつけたフェルトがぬれた岩に音もなくはりついて、実に軽快な感じ。

天気がいいし暖かいので、瀬にでている魚がボクの影を見てさかんに岩の下へ姿をかくす。魚はたしかにいるが毛バリには一向食いつかぬ。よほど川虫をつけようかと迷ったが、フライカースティングの節をまもることにしていろいろとハリを変えてみる。最後に赤い蓑毛のデカイやつにしたら、三十センチぐらいのデカイ岩魚が食いついた。これで安心。一尾で別荘に戻り昼食に塩焼きにして食う。昼からはスケッチをしたり日記をつけたり川原でブラブラ。夕方もう一度岩魚つりにいく。十尾ほど揚げ、イヌガラシを採集し夕食はイヌガラシのサラダニッソアーズと岩魚のバタ焼きというしゃれたメニューにする。

夜、星がみえないので、いよいよ下り坂かなとおもう。闇の中から、鳥だか毛物だかの声がしきりに私に呼び掛ける。心配していた天候はまだ続き、この別荘に四泊して機嫌よく山をおりた。

横谷源流

船井裕

私を初めてイワナ釣りに誘ってくれたのは京都に住む土倉さんという人で、その時は福井県の耳川という所へ行った。十五年ぐらい前のことである。夜中の三時頃土倉さんの車で京都を出て、耳川へ着いたのは朝六時頃だったと思う。車を降りて、さあここで釣るのだなと思っていると、土倉さんは、少し歩きますから、と言って沢沿いの踏み跡をたどって登り始めた。私は黙って随《つ》いて行ったが、二十分経っても三十分経っても土倉さんはどんどん登って行く。沢は段々細くなって最後には踏み跡も無くなった。それでも土倉さんは腰鉈でブッシュを切り開きながらじわじわと登り続けたのである。かれこれ一時間近く沢を登って、やっと土倉さんは立ち止まった。流れはもう一跨ぎできるくらいの幅しか無かった。

「この辺からやりましょう。いやあ、なかなかええ谷ですなあ……」

そう言いながら土倉さんは古新聞にくるんだ餌のキジミミズを一包み私にくれた。私はいい加減くたびれていた。

何しろ最初がそんな風だったので、二年程たって毛鉤釣りに転向してからも、私は相変らず狭い谷に腰鉈ぶら下げて潜り込み、ブッシュとくもの巣をかき分けながら釣っていた。当時、私のホームグラウンドは滋賀県の安曇川《あど》であった。私は車を持たないから、安曇川通いも専らバスに頼っていた。朝早く茨木の家を出て、京都の京阪三条駅前発七時二十分梅の木行のバスに、私は少なくとも六十回は乗ったと思われる。安曇川の支谷は、めぼしいものだけでも左右両岸に併せて三十ぐらいある。左岸の谷はいずれも比較的ゆるやかで明るく、どちらかと言うとアマゴの谷である。右岸比良山系から流れ込む谷々は、大体に嶮しく暗くイワナが多い。イワナのことを土地の人はイモとかイモウオとか呼んでいたが、これはどうやら蔑称でアマゴとは差別されていた。しかし私はむしろイワナの谷によく入った。私の釣りはバスのダイアルに規制されており、日帰りの場合は午前九時から午後四時までしか釣れないので、真夏の天気の良い日はどうしても木蔭の多い右岸の谷に入ることになった訳だ。特に気に入って何度も通った谷が幾つかあって、横谷はその内の一つである。細い谷だが奥は深く、安曇川本流との合流点から入ると遡行がなかなか大変で、とても一日で釣り切れる谷ではない。三回程友人と一緒に行ったが、その都度半分も行かぬ辺りで疲れてしまって戻って来た。その話を土倉さんにしたら、あの谷はずっと奥がヨロシイ、と言って琵琶湖側から峠越えして源流部へ出る道があることを教えてくれた。

家に帰ると私は早速地図を検《しら》べてみた。横谷源流へ出る道はすぐ見付かった。江若鉄道（今はもう無くなって代りに国鉄湖西線が走っている）の近江高島駅で降りてバスで黒谷という所まで行き、そこから畑という村まで歩いて峠に向かう道に取り付くのである。峠への登りは地図で見ると少々きつそうだが、まあ一時間もみておけば充分だろうと予想した。峠には妙な名前が付いており、ボボフダ峠という。何となく気色の悪い場所を想像してしまって、やはり友人の高田に誘いをかけることにした。今でも私は初めての場所へ釣りに行く時は大抵誰かを誘うことにしているが、こういう時はできるだけ気心知れた相手に限るのである。その点高田は理想的な相棒で、多分彼の方もそう思っていたに違いなくて、その頃はよく一緒に出かけた。何よりも冗談がついと通じ合うのは貴重と言うべきで、何をやるにも冗談半分みたいなところが彼にはあった。彼が釣りを始めた時のことを私はよく覚えているが、

「こら滅茶苦茶おもろい遊びやね。しかし船井さん、釣りだけは真面目にやらんとあかんみたいですなあ……」

と言っていた。そして一週間続けて会社を休んで連日釣りに出かけ、周りの人達をあきれ返らせたりした。

高田の働いている会社に電話をかけると、いきなり彼が電話口に出た。こんなことは初めてで、これは旨く行きそうだと思ったが、案の定彼は二つ返事でＯＫした。それどころか折角行くのだったらキャンプして夕方と朝を釣りましょう、と意気込んだ。

「丁度次の土曜日は休んで釣りに行こか思てましてん。テントは僕持って行きますから、船井さん食糧頼みますわ」

「よっしゃ、引き受けた」

「ウィスキーどないしましょ？」

「そりゃ君の役目やろ」

話はさっさと決まり、私は土曜日の朝の待ち合せ場所を指定して電話を切った。


暑い日であった。朝八時に浜大津の駅で高田と出会ったのだが、数少ない電車を待ち、高島駅ではバスを待って、黒谷のバス停で降りたのはもう十時に近かった。畑という村へ向かう道は小さな谷川に沿っており、ここでもアマゴが釣れそうで、一寸良さそうな場所が見えると二人は立ち止まって、じっと水の中をのぞき込んだ。畑は三十軒位の家が点在する小さい在所である。丁度谷川で鍬を洗っている野良着の男の人がいたので、峠への登り口を尋ねることにした。近付いてみるとかなりの老人であった。ボボフダ峠、と言いかけて止めた。どうもそんな名前は地図にのっているだけで、実は村の人も知らないに違いない、という気がしたのである。私はただ横谷へ出る道、と言って尋ねた。男は無言で私達を暫くジロジロ眺めてからやっと言った。

「横谷へ何しに行くんや?」

「イワナを釣ろうと思いまして……」

私は恐る恐る答えた。彼はもう一度ゆっくりと私達の身なりを点検してから言った。

「あんな所《とこ》へ行ってもあかん。イモウオとりたいんやったらもう一遍この道黒谷まで戻ってな、あそこの川を釣って上ってみい」

どうもまずいなと思いながら高田の方を振り向くと、彼も憮然とした表情である。

「やっぱり今日は横谷へ行ってみようと思います。この道まっすぐ行けば宜しいか?」

私が言うと、男は一瞬軽蔑したような眼差しを浮かべ、それでも黙って小さく二三度頷いた。丁寧に礼を言って歩き始め、だいぶ離れてしまってから男は私達の背中に向けて大きな声で言った。

「そこのたんぼの間を左へ入って行ったら奥に炭焼小屋があるさかいな。そっから登るんや。留やんの炭焼小屋や」

やっと好意的なことを言ってくれた。私はもう一度帽子を取っておじぎをした。

炭焼小屋はすぐに見付かった。なだらかな傾斜の松林の中にそれは建てられていた。

「これが留やんの炭焼小屋ですな」

と高田が言った。少し離れた所に山の急斜面が迫ってきており、近付いてよく見ると細いけもの道ぐらいの踏み跡が斜面をジグザグに登っているのが分った。ポケットから地図を取り出して検べ、まずこれに違い無かろうとお互に頷き合ってから、高田を先にして登り始めた。予想した通りかなりきつい登りである。丁度私の目の前を行く高田のリュックの中で、水筒かなんかに入れてあるらしいウィスキーがピチャピチャと音を立てている。汗が流れて目にしみ、おまけに腹も空いてきた。二十分ばかり登ると息切れして、どちらからともなくリュックを下して一服することにした。空は少し曇ってきて、やけに蒸し暑い。高田は威勢よくシャツの前を全部はだけて汗を拭った。私が水筒に詰めてきた紅茶をラッパ飲みして高田に廻そうとした時、不意にすぐ横で何か動くものの気配を感じて私は反射的に立ち上った。高田も釣られて立ち上った。ほんの二、三メートルしか離れていない所に熊笹の繁みをかき分けるようにして一人の男が座っていた。上半身は裸で首に汚れた手拭をかけ、左手に何か赤いものを鷲づかみにしている。男も私達に気付いた様子であったが別に動じる風はなく、左手に持ったものをゆっくり口に運んだ。それは熟した大きなトマトで、男がかぶりつくと汁があごを伝ってポタポタと落ちた。このまま黙って行ってしまうのもいささか気まずい思いがしたので、私は熊笹の中へ一歩踏み込んで言った。

「この道を行ったら横谷へ出られますね?」

男は私の言葉には何の反応も示さず、旨そうにトマトを食い続け、終るとヘタを目の前の藪の中にポイと投げ捨ててこちらを向いた。意外ににこやかな童顔であった。見事に陽焼けしたその顔をいささか呆気にとられて見ていると、男は足元につくねてある上衣らしいものの中からもう一個のトマトを取り出し、無言のまま私に差し出した。私は慌てて手真似で断り、この場は退散することにした。

「では行きます。有難う」

男は依然として黙ったままその場に立ち上り、私がリュックの紐を締めるのを眺めていた。再び高田が先に立って登り始めた。少し急ぎ足になっていた。急な曲り角を二つ程通り過ぎてから高田が言った。

「怪体《けったい》な奴ばっかりやね」

実は私も同じことを言おうとしていたのだが、咄嗟に違う返事をした。

「君は怪体でないつもりか?」

高田は早くも喘ぎ始めていた。

「まあね……。お互様っちゅうところやね……。ひょっとしたら今のが留やんと違うか?」

十五分ぐらいで九十九折《つづら》れが終り、道は山腹を巻くようになって暫く行くと峠が見えた。背丈ぐらいの熊笹に覆われたなだらかな鞍部に、ひときわ目立つ高い松の木が五、六本塊って生えている。そこがボボフダ峠だった。松の一本は雷にでも打たれたのか、真中辺りで裂けるように折れ、その折れ口は西方の曇り空をバックにして白く尖っている。私達は五十メートルぐらい手前で立ち止まり、暫くその風景を眺めていた。高田は何か冗談を一つ言いそうな顔つきをしたが言葉にはならず、背中を向けて歩き出した。峠の所まで来ると突然谷川の音が聞こえ、つい百メートル余り先の薮の中に横谷の源流はあった。驚いたことに、沢から少し離れた所に小屋が一つあり、二人は思わず顔を見合せた。

「オッ、ちゃんとホテルも有るようですな」

高田はやっと軽口をたたいて、だらだら下りの細道をブッシュを掻き分けながら一気に降りて行った。時計を見ると丁度十二時であった。

小屋は山仕事の人が建てたのであろう、板張り、トタン屋根の粗末なものだったが、雨風を凌ぐ程度にはちゃんと出来ていた。入口の戸には細い杉丸太が立てかけてあるだけで、鍵はかかっていなかった。中に入ってみると、土間の片隅に二人並んで寝られるぐらいの広さに低い床が作りつけてある。土間の真中に焚火の跡があり、その周りに手頃な薪が七、八本転がっていた。リュックを下して二人は床に腰かけ、汗を拭った。

「いやあ、何も彼もお誂え向きですなあ。今晩はここでイワナを焼いて酒が飲めるわけやね、有難いこっちゃ」

高田はリュックを開けて一番にウィスキーの水筒を引っ張り出し、床の奥の方に大事に置いた。私はヤカンを出して、水を汲みに外へ出た。


昼弁当の後、熱くて口がつけられない茶のカップを横に置いて、私達は早速釣りの用意を始めた。高田が小屋より下流を釣り、私は上流へ釣り上ることになったので仕掛が問題である。何しろ上流は文字通り藪のトンネルだから、思い切って短いラインで提灯釣りするしかない。手製の一メートル位のテーパーラインに鉤素《ハリス》をつけて毛鉤を結びカミツブシの錘を一個つける、というおかしな仕掛であるが、実は一週間前に京都の細野川の源流で同じ仕掛を使って成功したので、自信はあった。毛鉤はいつもの〝ブラウンハックル〟という奴である。高田は釣餌にイクラを一ケース持ってきていた。粒揃いの旨そうなイクラであった。

私の方が仕度に手間取り、少し遅れて小屋を出た。西の空はますます曇ってきて、どうでも一雨きそうな具合である。見ると、高田はすぐ目の前の落ち込みにもう竿を出していた。さっき私が顔を洗ってヤカンに水を汲んだ所である。ゆっくり一流しした仕掛を急に引き上げ、私の方を振り返った彼は、目を大きく瞠《みは》り口をあんぐり開けて、空いている左手で今流した水面を二、三度突き刺すように指差してみせた。私は見物することにした。高田は一歩うしろに下って餌をつけ直すと、先程よりもっと低い姿勢で慎重に振り込んだ。一呼吸してヒュッと小さく竿が鳴ると、かかっていた。糸は数回水面を左右に切って動き、続いて一度深みに潜ったが、それ以上は抵抗せず魚は引き寄せられてきた。二十センチぐらいの黒いイワナである。膝をついたままで鉤を外しながら高田は少し上ずった声で言った。

「幸先よろしいな。こら今日は釣れまっせ、船井さん。百匹釣れたらどないしょう」

魚を一寸私に見せてから腰魚籠に滑り込ませると、高田は体でブッシュを押しのけるようにして次のポイントへ下って行く、その背中に向かって私は言った。

「四時には小屋へ戻ることにしよう。気ィ付けてな」

高田は向こうを向いたままで頷いた。

「さてと」

私ははやる気持を抑えるためにわざとゆっくりつぶやいて、今高田が釣った場所のすぐ上のポイントから始めることにした。

魚影はかなり濃いと言ってよかった。五分と経たぬうちに私の毛鉤にも最初の一匹が出た。高田が釣ったのと殆ど同じ大きさのイワナである。私はベルトの背中の方に挟んでいたズックの生かし魚籠を取って魚を抛り込み、流れにつけて水を入れた。その頃、私は自分の釣った魚が魚籠の中で泳いでいるのを見たいばっかりに、厄介な生かし魚籠を持ち歩いていたのである。私は煙草に火をつけ、一匹目のイワナを暫く眺めて満足した。兎に角一匹釣れれば、望みの半分は達せられたような気になるのである。四つ目か五つ目の落ち込みで二匹目が出た。その辺りから沢は右に曲って、殆ど真正面に蛇谷ヶ峰の頂上が見える。標高差はもう二百メートルとあるまい。

ブッシュと格闘しながら夢中で一時間余り釣って、私の魚籠には四匹のイワナが入っていた。振り返って見ると、まだものの二百メートルも来ていないようだった。熊笹の繁みは一段と密度を増してきた。沢は次々に枝分れしその度に水量は減っていく。それでもイワナはいた。風呂桶の半分位の溜りでグイと引き込んだ五匹目のイワナを熊笹の中へ強引にはね上げ、今日はもうこれで良い、と思った。とうとう雨が降り出した。それにしても、魚は一体どこまで遡っていくのだろうか……。明日は頂上に向かってとことん逐いつめてみよう、などと考えながら竿をたたんで魚籠をぶら下げ、私は足早に小屋へと下った。

高田はまだ戻っていなかった。小屋のトタン屋根を打つ雨音がヤケに大きく響いている。私は夕飯の仕度をしておこうと思い、レインコートを頭から被り、飯盒とヤカンと魚籠を下げて水場へ降りていった。まず魚籠を水に抛り込んで口の所に重石を置き、その横で米を研《と》ぎ始めた時、下流の方に高田の姿が見えた。ややあって私の側まで戻ってきた高田は、竿を濡れた草の上に投げ出し、ベルトから腰魚籠を引き抜いて、黙って私の目の前に置いた。逆さにして振るとイワナが六匹砂利の上に転がった。三十センチ近いのが一匹交っていて其奴はまだ生きており、砂利の上で跳ねた。私も黙って水中の魚籠を指差した。高田は私の魚籠を引き上げて覗き、やっと口をきいた。

「おるねェ……。ええ谷やね、ここは」

「おるねェ……」

と私も言った。小屋へ向から高田を私は呼び止めて飯盒を手渡し、

「今日は君の釣った分を食おうや。六匹あれば充分やろ?」

と言った。私が釣った魚はこのまま明日まで生かしておくことにした。

雨は降り続いていた。テントの中で小さくなって雨を凌いでいることを想えばこれはまるで王侯の生活である、などと言いながら、高田は器用に火を燃しつけて飯盒をかけた。煙が一通り治まるのを待って、私達は熊笹の串に差したイワナを遠巻きに並べた。すっかり準備が終ると、高田はウィスキーの水筒にゆっくりと手を伸ばした。沢の水で割ったウィスキーのカップを片手に、話題はとめどなく気儘に移って行った。

雨はトタン屋根に降り続いており、その音に交って飯盒がかすかな音を立て始めた。まだ五時

少し前というのに外は薄暗くなってきた。この調子で降り続いたら沢はかなり増水するだろう、と考えた途端、私はハッと気が付いて弾けるように立ち上った。

「しもた！　魚籠見てくる」

私はそのままの格好で雨の中にとび出した。水場から五、六歩手前で、私は何やらグニャリとしたものを登山靴の底に感じた。見ると一匹のイワナである。拾い上げると、驚いたことに腹の辺りが破れて内臓の一部が垂れ下っている。私が踏みつけたせいではなさそうであった。何のことか咄嗟には分らず、兎に角魚籠の所へ急いだ。沢はだいぶ水嵩が増して、重石は既に半分水に漬っていた。魚籠は無かった。私は慌てて辺りを探した。水際の大きな石の陰にもう一匹イワナが転がっていた。明らかに何かに腹部を食いちぎられている。しかもつい今しがたやられたに違いなく、大きく開いたイワナの口がまだ微かに動いていた。私は手にした魚をそこに抛り出し、小屋の方へ走りながら大声で叫んだ。

「高田君、一寸来てくれェ」

小屋の戸口に立ってこちらを見ていた高田は、ウィスキーのカップを置いてから出て来た。

「魚籠、有りましたか？」

私は黙って彼を水場の方へ引っ張って行った。魚を拾い上げて高田に渡すと、彼も一瞬戸惑った表情を浮かべた。

「何やこれ、船井さんが釣った魚ですか？」

「多分な。全部やられたらしい」

「やられたて？」

「イタチか何か……」

私はもう一匹のイワナも拾って彼に見せた。

「腹だけ食ったんやね。何か知らんが滅茶苦茶しよるね」

高田はそう言いながら辺りを探し始めた。間もなく高田が三匹目のイワナを見付けた。其奴は頭から食われて下半身だけになっており、流れた血が雨水と混じって小さな水溜りを作っていた。

高田は更に探し続け、今度は草むらの中に投げ出された魚籠を見付けた。

「からっぽですわ……。しかしイタチが魚籠を引きずり上げて魚とるやろか？」

「さあ……」

「ひょっとして熊と違いますか？」

まさか、とは思ったもののそうでないとも言い切れず、二人はつい先刻とは打って変った真剣な顔を見合わせた。私達の視線は殆ど同時に上流の熊笹のスロープに向けられ、何か動くものを探していた。視線が徐々に右に移り、峠の松の木が視野に入るや、私達は再び殆ど同時に、何か動くものを見付け、私は思わず高田の二の腕を摑んだ。峠の数メートル手前をゆっくり動いて行くものは、熊では無くて人間の背中であった。手拭で頬被りをし、半纏のようなものを着たその人物は、右手に杖をついている以外は何も荷物らしいものは持たず、悠然とした足取りで雨の中を峠に至り、やがて向う側にゆっくりと沈んでいった。私も高田も、息を殺して見つめていた。

気が付くと私は既にぐっしょり濡れて、シャツが肌に張り付いていた。私は身ぶるいし、ボンヤリと立っている高田を促してとり敢えず小屋に戻った。


焚火は勢が衰えて、イワナはまだ生焼けであった。飯盒の飯は何とか炊き上っている様子だったが、食欲は無かった。できることなら、今すぐ都会の人ごみの中へ帰りたい、という気持であった。今ここを出れば、黒谷からの最終バスに間に合うだろうし、何とか今日中に家まで帰り着けるのではないか、と考えたが何となく高田には言いそびれて、私は枯枝を二、三本焚火に抛り込み、濡れたシャツを脱いだ。高田は飯盒を火から下し、立ったままで言った。

「何のこっちゃ分らんけど、気色悪いですな。今の奴、あの留やんと違いますか?」

「うん、俺も今それを考えてた」

「何でまたこんな時に出てきよるんや、仕様《しゃあ》ない奴やな。そや、船井さん、あいつ呼び戻して一緒に酒、飲もか?」

冗談めかして言ったが、全く精彩は無かった。それきり二人は黙ってしまった。私は濡れたシャツを焚火で乾かすふりをしながら、まるで人ごとみたいに言ってみた。

「それとも、家で飲む方が良かったら、今からでも帰れんことはないぞ」

「そやね……。バスまだ有りますか?」

高田は案外すんなりと話に乗ってきた。どうやら彼も浮足立っていたのである。私は念のために手帳を取り出して、焚火の明りで今朝メモしておいたバスの時刻を確かめた。


二人はそそくさと辺りを片付けた。ヤカンの水で焚火を消すと、小屋の中は一段と薄暗くなってしまった。生焼けの六匹のイワナは、高田が新聞紙にくるんでリュックに押し込んだ。炊き立ての飯盒は私がぶら下げて歩くことにした。外に出て戸を閉め、高田が杉丸太のつっかい棒をかませた。丁度私の足元に、先程高田が捨てたイワナが一匹転がっていたので、尻尾をつまんで熊笹の繁みの中に抛り投げた。何となく後味の悪い想いであった。幸い雨は殆ど止んで、辺りは暗い湿った空気が立ちこめていた。峠への僅かな登りを、私は目を伏せて歩いた。薄暗い雨空を突き刺す、あの松の枯れ木を見たくなかったからである。峠の所で先を行く高田が足を止めて振り返った。

「船井さん、魚籠忘れたんと違いますか?」

「あっ……」

確かに私は魚籠をどこかに置いてきてしまった。しかし、ホンの百メートルばかりそれを探しに戻る気は無かった。小屋は朝見た時より大きく、黒い塊りに見えた。

「もうええわ、行こ」

「一寸もったいないね。あの魚籠どこも破れて無かったのに……」

そう言いながら高田は下り始めた。道は溝のように雨水が流れていた。二人は水しぶきを上げて、殆ど走るように一気に下った。


バス停に着いた時は、雨はすっかり上っていた。終バスが来るまで、まだ四十分も待たねばならなかった。人気の無い田舎道に、木製の標識が立っているだけのバス停であるが、もうここはつい今しがたいた所とは別の世界であった。急に空腹を覚えた。私がずっと左手に下げてきた飯盒は、まだ暖かかった。私達は道端の石に並んで腰を下ろし、一つしか見付からないスプーンで暖かい飯を代る代る頬張った。高田が気が付いてリュックからイワナの包みを取り出したが、中のイワナは新聞紙が貼り着き、ぐちゃぐちゃに潰れて見るも無残であった。

「さっぱりわやや」

と高田は言った。

ねずてん物語

山本素石

ねずてん物語序説

日高川上流の竜神《りゅうじん》温泉へ行く道は、紀伊田辺からバスで五時間ほどもかかった。バスは海沿いに南部《みなべ》の町を経て、それから南部川に沿って清川村を通り抜け、切目《きりめ》辻の峠を越えて日高川の中流へ出る。それでやっと半分というところ。ずいぶん長い道中である。今は道路もよくなって、急行バスだと二時間半の行程になったけれど、南紀海岸の温泉地へ行く客足にくらべると、山奥の、そのまた奥の竜神まで足をのばす人はさすがに少なかった。

中里介山の「大菩薩峠」によると、竜神は猟奇的な大集落で、旅館も二〇軒ほどあることになっている。その昔、〝紀州の殿様〟の湯治場であったことから察すると、それ位の宿屋があったのかも知れない。今も往時を偲ばせる「上御殿」「下御殿」といううれしい名の旅館を併せて数軒あるし、近代的な国民宿舎も川向うにできている。

上御殿には〝お成りの間〟というのがあって、上段、中段、下段に仕切られている。上段には二重の翠簾《すいれん》がめぐらしてあって、かつては紀伊大納言五十五万石の御座所であったという。そこへあぐらをかいて脇息《きょうそく》にもたれているのはちょっといい気分のものだが、それはずっと後のことで、秋邨先生はおもに下御殿へ投宿した。

四度目に竜神へ行ったとき、男湯でいっしょになった中老の山仕事をしているという湯治客から面白いことを聞いた。日高川源流の五百原《いもはら》谷や小森谷の天魚《アマゴ》の消息を尋ねているうち、そのおっさんがこんなことを言ったのである。

「そらァ護摩ノ壇山から落ちる渓にはアメノウオもたくさんいるやいしょ。けど、尺物はどうかいのう。尺物がほしけりゃ、狐か狸に持って来させるがええやして。そらァ、わけはないやし。ネズミのてんぷらと引きかえにするのやよし……」

秋邨先生は横で笑って聞き流していたが、私は興奮して、胸の中でポンと手を叩く思いがしていた。というのは、有名な相国寺の狐の宗湛は、宗匠に化けて俳句や囲碁を能《よ》くしたほどの傑物だったが、碁仇の豆腐屋のあるじが贈ったネズミのてんぷらを見て、血相を変えて拒んだそうだ。それを食べると通力が失せて、二度と人間の姿でつき合うことができなくなる。だが、ひとたび眼にしたからには食べずにいられなくなるから、どうか眼の届かぬ遠いところへ処分してしまってくれ、といった。豆腐屋のあるじはおどろきわなないて、思案にあまったあげく、裏庭に深い穴を掘って念入りに埋めて隠してしまった。

それから数日後、相国寺の境内に巨大な白狐が、数匹の猟犬に襲われて死んでいた。気がつくと、裏庭の深穴は知らぬ間にすっかり掘り返されて、ネズミのてんぷらはなくなっていた。以来、宗湛は再び姿を見せなくなったという。いつ頃のことか忘れたが、この話は、相国寺の近くに住んでいた小野保福《やすとみ》という古老から聞いていた。だから、湯治客の説明に私は興奮して耳を傾けたのである。

話のあらましというのはこうだ。

炭焼き稼業の樵夫《きこり》が夜のつれづれに、山奥の小屋の軒先で焚火をしてネズミのてんぷらを揚げていると、頬冠りしたりねじり鉢巻をした山人夫や、手拭をあねさん冠りにした山里の女房に化けた狐とか狸とかが、入れかわり立ちかわり買いにやってくる。そこで法外な高値を吹っかけるわけだが、かれらは少しも値切らず、サッと手の切れるような紙幣を出す。それはたいてい木の葉にきまっているから、ゆめゆめだまされてはならない。まず四、五回は大声でどなりつけることを忘れるな。「なんじゃ、こんな木の葉っぱなんか持って来やがって――。こんなものが天下に通用すると思ってやがるのか、バッカも一ん！　本物を持って来い、本物を！」と強硬に追い返すのだそうである。

かれらは権幕に押されて引き退るが、いいい、てんぷらを売ってもらえるまで、根気よく何べんでも出なおしてくる。決してあきらめることをしないから、安心してどなりつけるがよい。気力の駆引きだから、弱気になってはいけない。そうして夜明け方まで根くらべで頑張り通すのだ。東の空が白みかける頃まで売り渡しを拒否しつづけると、しまいには必ず本物の紙幣を持ってくるそうだ。どうして手に入れてくるのか知らないが、たぶんそこいらの大金持ちか、あるいは日銀の金庫からでもシッケイしてくるのだろうということである。

夜が明けてから改めると、もちろん木の葉もいくらか混じってはいるが、本物の紙幣も必ず何枚かは入っている。信じられなかったらその札で買物をするとよく分る。ことほど左様に狐狸の仲間はネズミのてんぷらには目がないということだ。ひとたびその臭いを嗅ぎつけたが最期、いかなる手段をつくしても食べずにいられなくなる。猫に鰹節どころの相場ではないのだ。だから、天魚の尺物であろうとメートル物であろうと、この手でいけば必定モノにできること請合いだというのである。

炭が売れなくて困ったとき、胆力のある樵夫はこの手を使って大金を稼いだものだという。但し、夜通し続々と登場してくる尻尾のついた怪しい人間どもと応対したあとは、気力も体力もひどく消耗して、動けないほどクタクタになるから、その覚悟で立ち向うがよい、ということであった。むろん、金もほしいけれど、そこまでしなくても――、と一度は思った。しかし、もし五〇センチもの天魚がいるとしたら、ネズミのてんぷらを食いたさに、かれらはどうしてそれを捕ってくるのだろうか。

それまでに、私は十津川上流の山上川《やまかみ》で三六センチの天魚を二本釣りあげて、大物の魅惑に取り憑かれていた。たいがいの釣師にはそういう時期があって、一応の数をこなすようになると、次第に大型主義に傾いてゆくものである。数は眼中になくなって、型の大きさや姿のよさを狙うようになる。やがて病みつきの状態がくると、大物のために寝食を忘れ、容易に餌づかぬやつに挑んで同じ場所へ執念をこめて通いつめるまでに醱酵する。それがある日、何かのはずみで、自分にとっては頂点と思える大物にありついて気が抜けたようになるまで、一途にのぼりつめて行くものであるらしい。

竜神へ行きはじめた頃の私は、その登り坂の中途にいて、四〇センチ級の大台を夢見ていた。ダムの築造が進められて、巨大な人造湖がやたらに出現するのを見て腹を立てていたら、以前から川の奥にいた天魚や山女魚が、ダム湖に放流されたワカサギなんかをふんだんに食べてびっくりするほど肥大化した。もう鱒と変らぬほど大きくなったやつをルアーで釣るようになってから、大物釣りは新時代を画したという感がするが、昔ながらの竹竿と仕掛では、どうしても越え難い限度があった。

竿では手に負えない特大魚を、狐か狸に持って来させるという手は仲々奇抜で、直かに釣るよりも面白いではないか。これは何としても一度はためしてみる値打がある。木の葉を紙幣に見せることはできても、大魚に見せることはいくら熊野の狐や狸でも手をやくことだろう。どこかの渓から本物をくわえて持って来るかも知れない。それははじめ棒切れであったり、すり切れた古草鞋《わらじ》であったり、ことによってはアブラハヤかウグイであったりすることだろうが、そんなことでごまかされるようなヘマはやらない。「バッカもーん、本物を持って来んかい、ホンモノを！」といった調子で、ひと晩中どなりつけていたらよいのだ。

しかしどう考えても、夜更けの山奥でこの大芝居を打ってのけるのには、一人きりでは心細くてやる気になれない。ましてくだんのてんぷらを買いに来る客が凄いベッピンであったりしたら、こんな恐ろしいことはない。ネズミのてんぷらにしゃぶりつく美人など、想像しただけでもゾッとする。

私は帰る道中の汽車の中でも、帰ってからの仕事の合間にも、小出しに、そして懸命に秋邨先生を口説いて、この企画を実行に移すことにした。

小森谷の一夜

昔、狐や狸が人を化かしたという話は、ウソでないと私は信じている。それは脳波の律動体系を攪乱させることによって生じるもので、意志の弱い人や、気の小さい人ほどこれにかかりやすいわけだが、人間が電波を高度に利用するようになって以来、狐狸のたぐいは、その通力（幽波、あるいは幽質素といわれる微弱な磁波の集中的な作用か？）を妨害されて、昔のようにたやすく化けられなくなったのではないか。かれらのもつ幽波よりも、人間が開発した電波の方がはるかに強力だからである。まして五官に感じる強さをもつ光波とか音波が充満している巷では、かれらの〝通力〟はますます逼塞《ひっそく》するしかない。

さてこそ、まだしもかれらがその通力を発揮し得る舞台としてのこされているのは、光も音もない夜更けの山奥ぐらいなものではないか——。ここにおいて、ネズミのてんぷら、つまり「ねずてん」の製造直売を企画して、人間と畜生の知恵くらべ根くらべをするのは、竹槍と火叩き棒で戦車や航空機に立ち向った敗戦国にふさわしい〝化学精神〟の発露にほかならない。——そう力説して、私は秋郵先生の賛同を求めた。

俗事には冷淡な先生だが、もともとこういうことを嫌いな方ではない。はじめはせせら笑っていたが、多分、それは他の弟子たちへの手前もあったのだろう。たわいもない馬鹿げたことをという目で見られては、威信にかかわるという配慮もあってのことだったと思うが、すでにネズミの生け捕りにかかっていることをひそかに告げると、

「ふーン、そこまで手を回したのか。本当にやる気なんだな。よし、いっしょにやろう」

とはじめて決断が下った。

狐狸が人間に化けるという説話が、果して本当なのか、伝え聞く話を何となく信じているだけ

で、まだ実際に確かめたことがない。秋邨先生も私と同程度の〝信者〟で、好奇心はあるのだが、実のところは半信半疑であった。狐狸がいのちがけでも買いにくるというねずてんをもってすれば、仮に五〇センチ級の天魚《アマゴ》は手に入らないとしても、どんな姿に化けて買いにくるか、その辺までは見届けることができるわけだ。あわよくば稀有の大天魚と併せて、なにがしかの日銀券をせしめることができるかも知れない。

私は家の流し元へネズミ捕りを仕掛けて、ともかくも半月ばかりの間に一〇匹ほどつかまえた。はじめ木箱へ入れてみたけれど、絶えずガリガリとやられるので、石油缶にうつした。

私は手近な丹波《たんば》山地のどこかで開業するつもりだったが、秋邨先生はやはりこの話を聞いた土地がよいというので、日高川上流の小森谷ときめた。出発までおよそ一ヵ月、私は毎日サツマイモと米粒を与えてネズミを養った。どうせ一回きりで捨てるのだからというので、鍋も油も安物を南部《みなべ》の町で買い入れて、竜神《りゅうじん》行きのバスに乗り込んだのは八月下旬。夏も終りに近づいた紀和国境の山々には、もう初秋の気配がおとずれていた。

竜神温泉の湯本から、更に奥地の大熊という在所まで日に二便のバスが通っていたが、最奥の小川、小森への交通機関は今もない。前夜、湯本で一泊した二人は、運よく小川の在へ荷をあげに行く農協のオート三輪に便乗させてもらって、午前中に小森谷の出合へたどりついた。古い地図にある小森谷は、日高川上流の左岸に入る細い水線とゴーロ地帯が標示してあるだけのものだが、なかなかどうして、とてつもなく大きい荘厳な渓谷である。

谷の奥には平家の伝説があって、平維盛が愛妾お万の方といっしょに隠れ棲んだといわれる「お屋敷跡」の石組が今ものこっている。維盛は屋島の戦を前に、高野山に入って僧となったと伝えられるが、高野山からここまでは、紀伊の屋根といわれる嶮しい山続きだ。八百年の昔、道もなかったであろう深山幽谷を踏み越えて、かよわい女性がどうしてここへ随行し得ただろうか。そんな詮索はともかく、維盛が死んだ後、悲歎に暮れたお万の方は、主を慕ってこの谷の淵に身を沈めて果てたという。その悲話を伝える「お万の淵」は、どんな出水にも姿を変えたことがないといわれる碧潭《へきたん》を湛えて、今も千古の緑を映して底知れぬ渦を巻いている。おそらく小森谷随一の大淵であろう。

日高川本流にこの谷が出合う少し入り込んだところにあった小森の在は、ことによると維盛一族の末裔だったのかも知れない。単純にそう思うわけは、コレモリとコモリと語呂が似ているうえ、そう考える他にはここへ人が住みつく理由が思い当らぬからだが、今は朽ちかけた建物だけを残す廃墟となっている（そのときは人が住んでいた）。

秋邨先生と私は、森閑と静まりかえった小森の人家の軒下を通りぬけて、一の又の出合まで、高巻きの渓道を汗だくになって歩いた。荷をおろしてから、まずは人間様のてんぷら用にと一〇尾ほどの天魚を釣ってから、陽のあるうちに場所を検分して薪をあつめ、石で竈《かまど》を築いて、深夜営業の準備をととのえた。

缶に入れて運んで来たネズミは、途中で半分ほど死んでいた。

焚火は原始の祭典といわれる。小鳥がねぐらに入る逢魔が時から、川原と周辺の樹林を照らして火は燃えあがり、鍋の油はグラグラと煮えたぎった。釣れた魚を最初のてんぷらに揚げて夕食をすませてから、練ったメリケン粉の中へネズミをまぶし込む行事に移るのだが、生きているやつを一匹ずつつかみ出して油で揚げる仕事はとても手に負えないので、缶ごと火にあぶってひとまず成仏させた。秋邨先生は終始やりきれぬといった風情で顔をしかめて、のっけから手を下そうともしなかったが、やがて一匹めが丸々とふくれあがって鍋からほうり出されると、にわかに調子づいた様子で、いつになく上機嫌に見えた。

「まさか、ここまできみがやるとは思わなかったね。兜をぬぐよ」

めったにほめられたことのない私が、先生にほめられたのはこの時ぐらいのものである。ごきげんになった秋邨先生は、手放したことのないウイスキーを飲み始めた。やりかけると、角瓶の一本ぐらいは一度で空にするほど強かった。私も景気づけのつもりで、かなり飲んだ。ここらあたりまではたいへん上出来だったのである。

畜生は熱い食べものを嫌うから、さましたほうが早く買いに来るだろうと意見が一致して、念入りにできあがったねずてんは、順番に石ころの上に陳列された。このかぐわしい臭いを嗅ぎつけた狐や狸は、いったいどんな姿に化けて買いにやって来るだろうか。まずそれが第一の興味であり、ついでかれらがねずてんの代価として持って来ることになっている天魚の特別長尺《ちょうしゃく》物は、果してホンモノかニセモノかという未曾有の研究課題が賭けられている。

いつも何を考えているのか分らぬような秋郎先生の面上にも珍しく緊張の色が現れ、私も体中を耳目にして周辺の気配に神経をとがらせていた。

「もう、九時をすぎたぞ。そろそろ客がやって来てもいいころだな」

先生は時計を火に照らして見ながらつぶやいた。二人が時刻を覚えていたのはそれっきりで、雑談しながら私は大きなあくびを連発した。奇妙な緊張とは別に、やたらとこみあげてくる大あくびは、いつものそれとは大分ちがった大変けだるいもので、顎が外れるかと思うほど、口が勝手に大開きした。

「オイ、きみ、寝ちゃいかんぞ！」

と叱咤されて気がつくと、いつの間にか私は舟を漕いでいた。これはいかん、立っていなくては寝てしまう、と思って、私は立ちあがって伸びをした。とたんに頭から血の気がひいたように目の前が暗くなって、前のめりに倒れそうになった。危うく踏みこらえて尻をおろすと、秋郎先生も両手でしきりに目をこすっていた。焚火のけむたさではなく、目がだるいのである。山に馴れた人は、焚火の煙を苦にしないものだ。

これはきっと狐か狸が催眠術をかけようとしているのにちがいない。姿を現さぬところをみると、近づくのをおそれて、その辺の暗闇に隠れて遠隔操作をしているのだ。ここが大事な正念場だ。バッチリと目をあけて、何がなんでもかれらに法外な要求を吹っかけてやらねばならぬ。二人は互いに大声で励まし合いながら、猛烈な睡魔とたたかった。薪をドンドンくべて、炎をさかんにあげた。音を立てて闇の夜空に無数の火の粉が舞いあがるのを、私は夢見心地で見あげていたように思うし、冷えた渓水で顔を洗いに行こうとしたようにも思うが、どうにも腰が重くて、立つことも面倒になっていたのだろう。目の前が幕をおろしたようにぼーッとして、いくら瞼をこすっても視界がぼやけて小さくなり、勢いよく燃えているはずの焚火の炎も、チロチロとしたロウソクのように見えた。

「オイ、やまもとくん、きみ、まさかタヌキじゃないだろうナ？」

「ハ？　とんでもない。そういう先生こそ、ホンモノにちがいおへんやろナ？」

そんな冗談を交していた間はよかったが、気のあせりをよそに、五臓六腑からわき出るような不思議な睡気は粘液のように心身を包み込んで、何時ごろか——、前後も覚えず、どちらからともなく眠り込んでしまった。

ひんやりとした朝の冷気に身ぶるいして目がさめたときは、もう山の端が白んでいた。二人とも中合せたように肘枕をして、海老のような格好で石の上にうたた寝していたのである。合点のいかぬことだが、まっ先に気になったくだんのねずてんは、一つ残らずなくなって、消えかかった焚火の燃え残りが、かすかに白い煙をあげていた。

竜神の男湯で、頭に手拭をのせて「ねずてん」の効力を教えてくれた中老の山人夫は、ひょっとすると、護摩ノ壇山から出て来た古狸であったのかも知れない。

おばけ鮒と赤い灯

河合雅雄

篠山城には、昔の建物といえば、古びた大書院しか残っていなかったが、石垣と濠は昔のままで、当時の姿をしのばせていた。

城をとりまいている四つの外濠は、それぞれ特徴があった。

北濠は明るく、はなやかなおもむきがあった。北濠から東濠にかけては、桜の古木が岸にならび、水の上に大きく影を落としていた。春になると北濠にはボートが浮んで、ボンボリの灯が、濠になまめいた光の反映を見せた。

西濠は、うってかわって、陰鬱な濠だった。北濠との間には、大手門への道が渡っていたが、道をはさんで、西濠は低く暗く沈み、蓮《はす》の葉が大きくゆれていた。水はどんよりと濁り、蓮の葉陰に、よく腐乱した犬や猫の死骸が、醜い背や腹をみせていた。ギンバエがそれにとまって、陽の光に青みがかった斑紋をしるし、石を投げると、悪臭の粒《つぶ》をふりまくように飛びたった。

蓮がきれると、菱《ひし》がぎっしりと水の面をうずめ、とがった三角の葉が、奇妙な幾何模様を描いていた。ぼくは道男と、よく菱の実をとった。菱の実は、黒く熟してしまうとまずい。青くて皮が柔かいうちが、うまいのだ。堅い皮を歯でくい破ると、中から白い栗の実のような果肉が出てくる。コリコリと歯にこころよく、独特の味がした。

「うまいなあ、ミト」

「うん、せやけどちょっと臭いのお」

数メートルむこうに、犬の死骸が浮いている。ぼくはペッと唾《つば》を吐き、前歯で果肉をほりおこす。

「帰っても、犬が浮いていたこというなよ」

「うん」

お母さんに知れると、伝染病にかかるといって、叱られるにきまっているからだ。

短い会話の間に、秘密の約束がかわされ、二人は黙って菱をかじりながら、ひそやかな楽しみに耽った。

菱の実をとるには、縄の先に石をつけ、水に投げこんで菱のつるにからみつかせて、たぐりよせるのだ。がんじがらめにからまった菱のつるは、しなやかで強く、逆に水の中へ引っぱりこまれそうだが、このしなやかなつるの弾力のある感触が、腕をつたわってこころよかった。ぐいと引っぱると、直径数メートル以内の菱の葉が、中心に収斂するように動き、それがまた元の位置に復元しようとするとき、つるはゴムのようにはずんで、ぼくを水の中へ引っぱりこもうとする。菱のつるが密生しているときは、道男と二人で引っぱっても、どうにもならないことがあった。しかしそれはそれで、引いたり引かれたり、シーソーゲームのようなリズム感を、十分楽しむことができたのだ。

ある夏の夕方だった。夕焼が妙に紅《あか》く、どろりと濁った水が赤黒く光り、菱の葉の先が、むやみにとげとげしく感じられた。二人は、たぐりよせた菱のつるを、引っぱりあげようとしていた。つるはぬるぬるで、よほどしっかりつかんでいないと、手から逃げていく。つるには、ところどころ黒い根が、もじゃもじゃと生えている。

「まるでチンポの毛みたいやぞ」

といって二人は大笑いする。

「鯰《なまず》のひげを引っぱったら、こんな感じとちがうやろか」

と道男がいう。

「ごっつい鯰が、ごぼっとあがってきたら、おもろいやろな」

「そうしたらどうする。ごっつい口で足からのまれるぞ」

「西濠には白鯰がいたな」

ちょっと間をおいてから、ぼくは独りごとのようにいった。道男は黙っている。言葉は相手を失ってボソボソと下に落ち、濁った水に吸いこまれていった。

西濠には、ばけものみたいに大きな鯰がすんでいたが、その一匹は白い鯰だということだった。白鯰が人にどんなに恐ろしいことをするのか、だれも知らないが、ともかくそいつはすごく怖くて、見ただけで命が縮まるという噂だった。

御徒士町《おかち》の吉《よし》さんが、朝早く釣《つり》にいって白鯰に出会い、腰をぬかしたという話がまことしやかに流れていた。白鯰はなにもしなかった。ただ水面に幽霊のように浮いていただけなのである。吉さんは、それを見て腰をぬかしてしまった。だが、そのために病気になったとか、たたりがあったとかいった、こうした事件につきものの後日談はなにもなかった。だから、じっくり考えてみると、白鯰が出たって、どういうことはないのである。

だけど、この話はともかく怖かった。白鯰が真赤な口を開けて尻に嚙みついた、などという話よりも、ぼうっと水面に浮んでいたというほうが、身ぶるいするような怖さがあった。そいつは亡霊のようなうらみを持っていて、いつのまにか魂を奪うかもしれないし、念力で力を吸いとってしまうかもわからない。

急に水面が割れ、なにかがとびあがって、大きく水面を叩いた。〝グワバッ〟という鈍く太い音が、静かな夕方の空気をふるわす。

陽は白髪岳《しらがだけ》に沈み、夕闇が濃く迫っている。ぼくは思わず道男の顔を見る。赤い残照に、彼の顔は赤褐色に染まり、血をぬったような恐ろしい顔に見えた。目の下の翳りが、急に青ざめるのを見ると、ぼくはあわてて菱のつるを放し、うしろの崖《がけ》にとりついた。ぼくの影がそうするように、道男もすっと崖にとびつく。二人は無言で、モグラのように手足を動かして、きりたった土手をはいあがった。

土手の上にあがったとき、まわりは、びっくりするほど暗くなっていた。いつのまに、こんなに暮れたのだろうか。野外で遊んでいると、夜はいつも急に訪れてくる。あんなによく見えていた菱の葉の剣《けん》先も、赤っぽいつるも、暗い水面に溶けてしまったようだ。白鯰がはねたのかもしれなかった。あのぞっとする恐ろしさは、白鯰から出る放射線にあてられたにちがいない。

「怖かったな。帰ろか」

二人はとぼとぼと家に向う。こんなに暗くなっていては、またお母さんのこごとをくらうにきまっている。「あんなに明るかったのに……」といっては、「妙ないいわけはやめなさい」と叱られたことを想い出しながら、白鯰がいたから遅くなったともいえないし、そんな話をしたらよけいのこと怒られるし、心をいためながら、バケツに入った菱をコトン、コロンと鳴らし、重い足を引きずっていた。

西濠の魅力は、魚がたくさんいることだった。葦の葉のしげみに、埋《うず》もれるようにして、初夏の微風に吹かれ、菱の葉の間に糸を垂れているのは、ほんとうにこころよかった。濠には、オオサンショウウオや、ものすごく大きい鯉《こい》がいる。五十センチばかりのサンショウウオを釣りあげたことがある。まるでぞうりを釣りあげたような感じだった。跳ねも躍りもせず、そいつは灰色の醜い肉塊を、無感動にでれっと竿先にぶらさげていた。

ひどいひでりのとき、近くの朝鮮人が、それこそ鯉のぼりのような鯉を獲ったことがある。浮いてきたところを、なん人かよって網ですくったのだそうだ。

鯉というよりも、イルカか鯨《くじら》の子といったほうが、につかわしかった。そいつは、風呂桶にいれられ、窮屈そうに体をねじ曲げていた。一メートル二十センチもあるということだった。こんなばけものはそうそう針にはかからないだろうが、ときどきすごい力で、一瞬のうちに糸が切れることがあった。一メートルの鯉だったとか、ごっつい鯰だったとか、思い思いの印象で真顔になって話しあった。

ぼくと道男は〝投げこみ〟をよくやった。太い糸と大きな針にデカミミズやドジョウをつけ、夕方、濠に投げこんでおくのである。早朝、あげにいくと、大きなウナギや鯉がかかった。

投げこみは人に見つからぬように、ひそかにやらねばならない。人に見つかると、せっかくの獲物《えもの》を、だれかに先どりされてしまうからだ。夕方、忍者のようにこっそり、葦の葉陰にかくれて針を投げた。

西濠は四つの濠の中でも特別大きく、南側にも、L字型にまわりこんでいる。まわりには武家屋敷が昔のまま残っており、屋敷は鬱蒼とした竹藪に覆われて、夕暮どきには、陰気なたたずまいに満ちている。

南濠と西濠を分ける小径は、ガラクタ濠とよんでいるガラクタ捨場へ通じているが、濠を横切ったすぐ西側に、一軒のこぢんまりした家がある。カイズカとカナメの生垣がめぐらしてあり、庭には芝がしきつめてあって、別荘風のこぎれいな建物だ。

この家の住人はなぜかよくかわった。また、どうしてか犬を飼っていることが多かった。ぼくたちはこの家を狐屋敷《きつねやしき》と呼んでいた。古い狐が昔から棲みついていて、人をばかすので、犬がいないと住んでいられないということだった。

投げこみには、狐屋敷の裏手が格好の場所だ。人に見つかることがなかったし、またよく大物がかかった。

日が暮れると、物陰にはぶきみさがよどんでいた。ぼくたちはどんなに怖い想いをし、どんなにふるえたことか。だけど、翌朝《よくあさ》糸をたぐりよせるときの、ぐんぐんと手にひびく大物釣りの感覚は、夕方の恐ろしさにうち勝つほど、十分魅惑的だった。

ものすごい蚊《か》だった。水面とパンツの間の太腿《ふともも》は、あっというまに、灰色のほうたいを巻いたようになる。ぎっしりと、蚊がとまっているのだ。こうなると、かゆいといったてあいのものではなく、やけどをしたときのような灼熱感が、両足に燃えた。

ぼくは腰を落とし、膝をかがめて、パンツぎりぎりまで足を水につける。赤茶けた水が赤く腫れた太腿にしみ、身もだえしたくなるようなむずかゆさが、下半身を走りまわる。手をいっぱいに伸ばし、水面にすこし出ている猫柳《ねこやなぎ》の先をつかんで、それに投げこみの糸を結びつけようとした。その瞬間、つま先がじりっと滑り、あやうく前にのめりそうになる。この濠は、岸からすこし離れると、急に深くなる。深みに落ちるぎりぎりの線で止まって、糸を小枝にしばるのは、名人芸を行なっているような気になって、ぼくはいささか得意だ。ここに糸をしばれば、だれにも見つけられることはないだろう。

「危ないぞ。落ちるぞ」

「だいじょうぶ、もうすこしや。バンドを引っぱっていてくれ」

足の甲の上を、ぬるっとなにかがなでていくのを感じて、ぼくは思わずどきっとする。オオサンショウウオか、ウナギか……ひょっとしたら、白鱠かもしれない。ぼくはどぎまぎし、血の気がすうっと顔から引いていくのを覚える。

「おい、マト、イタチがいるぞ」

道男の声に振り向くと、小暗《おぐら》い熊笹《くまざさ》の陰から、つぶらな黒い目をまばたきもせず、じっとこちらを見つめている小さな動物がいた。ぼくはなぜかほっとし、心の中が急に明るくなっていくような感じがした。

ぼくはほほえみ、イタチとの視線をそらすまいと、体を一捻りする。その瞬間、足が滑り、前につんのめりかける。道男がすかさずバンドを全力でうしろへ引っぱる。ぼくはうしろへ倒れかかり、道男に抱きかかえられた。

〝バシャッバシャッ〟と、夕暮の沈黙を破って、水音がにぶい響きをたて、二人は水しぶきを顔までかぶってしまった。

「ちくしょう。こいつめ」

道男はどなって、小枝を折り、いきなりイタチにぶっつけた。イタチはくるっと身をひるがえし、薄暗いしげみにとびこみ、音もなく消えた。

「あいつのために、ひどいめにあったぞ」

道男は水浸しになったパンツの下をしぼり、ぷりぷり怒った。

「まあ、そう怒るなよ。ちょっとぐらい濡れたってええやないか。すぐかわくものなあ」

ぼくは道男を慰め、しげみの中から、きっとまだじっと見つめているイタチの、しなやかな身ごなしと、おどけたような顔を、ひそかに想像していた。

ある夏、四日も五日も不漁だった。ぼくの腿《もも》は腫れあがり、ただれたようになった。道男ももう行くのはいやだという。ぼくはなんとなくあきらめきれないで、いちばん下の弟の乙男《いつお》をうまくそそのかし、きっとすごい鯉がかかるぞといっておだて、とうとうかわりに出動させてしまった。

乙男が帰ってから、どんなふうにしてきたかを聞くと、実になっちょらんぞんざいなことをしてきている。狐屋敷が怖くって、それこそ投げやりに投げこんできたらしい。ぼくは気にくわなくってぶつぶついったが、小さな弟ではそれも無理がなかった。

翌朝、ぼくはなんの期待もしていなかったので、寝ぼうをきめこんでいた。そこへ乙男が大声をあげてとびこんできたのだ。おばけみたいなやつがとれたというのだ。

見たこともない魚だ。いったいこいつはなんなのだろうか。

色は灰黒《かいこく》色で、胴体は鯛《たい》のように平たく大きかった。それにくらべて頭が小さく、首のあたりから、背中が急角度で隆起している。体長は五十センチばかりの大きな魚だ。ぼくの知識では、こいつはいったいなにものなのか、まるで見当がつかない。鮒《ふな》のおばけで、白鯰の仲間かもしれないぞ、とぼくはひそかに思った。

バケツに水もいれないで持って帰ったのに、そいつはまだ元気で生きていたので、たらいに水を張り、風呂蓋《ふろぶた》で蓋をした。蓋をしないと、とび出るかもわからないし、猫にとられる恐れがあったからだ。

昼食をすませてから、たらいをのぞいてみて、ぼくは、とびあがるほどびっくりした。おばけ鮒がいない。蓋はきっちりとしまっていて、とび出る隙《すき》はまったくなかった。だのにいない。ぼくはうろたえて、まわりを探す。いない。ぼくは大声でみんなを呼んだ。

手分けして探したが、おばけ鮒は見つからなかった。第一、たらいの蓋がしまったままというのがふしぎだし、とび出たあと、たとえ蓋がうまくもとにもどったとしても、いったいおばけ鮒は、どこへ蒸発してしまったのだろう。

どぶ板をはずしたり、バケツを裏返したりするまではよかったが、とうてい入る隙もないような所までのぞいてみた。そのうち、漬物樽《つけものだる》があやしいと思えてきた。四斗樽《しとだる》だから、ちょっとした跳躍ではとびあがれそうもないが、あのおばけなら、これくらいのことをやったっておかしくない。ぼくはタクアンが漬かっている樽に手をいれかけて、

「ばか探しもいいかげんになさい」

と、お母さんにとがめられた。

こうなったら、あらゆる可能性をあたってみなければとか、なんだかだとへりくつをこねて、とうとうぼくは樽の中に手をつっこんだ。甘ずっぱいにおいにむせびながら、どっぷりと二の腕まで手をつっこんで、えたいのしれない軟体をつかんではびくっとしながら、ぼくはおばけ鮒を

探しまわった。

一時間もたってから、ねえやがころがるように走ってきた。裏の藪にデカ鮒が寝ているというのだ。そんなばかなことをと思いながら裏藪へいってみると、藪の中にほんとうにおばけ鮒が寝ていた。

笹の葉をかぶり、金灰《きんかい》色にかがやく頭を出して、そいつは裂けそうに円く口を開け、ごくっと一つ大きく息をのんだ。信じがたいことだった。ぼくはしばし茫然として立ちすくんだ。

「生きている、こいつ」

鮒の口が、痙攣しながらしまるのを見て、ぼくはあわてておばけを抱きかかえた。おばけ鮒はぐったりしてはねる元気もなく、ぼくの手にもたれるようにしなった。

「けったいなことやな」

ぼくたちはあきれたり感心したりした。裏藪まで、四十メートルは十分ある。どうしてそこへ行ったのだろう。しかも、よく生きていたものだ。

ぼくたちはあれこれと理由をせんさくする。猫か犬がもっていったにしては、たらいの蓋がずれていないのがおかしいし、第一鮒にはほとんど傷がなかった。とび出て、自力ではねていったのだろうという説が、もっともうなずかれた。それにしても、あの距離をはねていくなどということが、ほんとうにできるだろうか。おばけみたいなやつだから、やれるかもしれないが、それにしても信じがたいことだ。笹の葉をかぶって寝ていたというのが、みんなの笑いを誘った。疲れて休んでいたのだろうというわけだ。

ぼくは、ひそかにイタチのしわざだろうと想像していた。イタチは魔性《ましょう》があるし、賢いやつだから、たらいの蓋を上手にこじあけ、盗んだことがわからないようにだってできるはずだ。あいつは、おばけ鮒を助けにきたのにちがいない。イタチのやつは、ねえやがやってきたものだから、あわてて笹の葉をかけ、あとからまた助けにこようと、隠して逃げたのだろう。

「イタチとちがうか。こんなことをするやつは?」

「そうや、イタチのやつにきまってる。あいつは悪いやつやさかいなあ」

道男はきっぱりいいきり、おばけ鮒の尻を見せた。

「ここを見てみ。血を吸いかけたあとや。これが証拠や」

道男は、イタチがきらいだった。いつか、大切に飼っていたヒヨコを、みんなイタチに殺されたことがあった。それ以来、イタチというと腹が立ってしかたがないらしかった。

道男のいきりたった顔をおだやかに見ながら、ぼくは心の中の、ほの温かいぬくもりを感じている。ずっと前、重い病気に苦しんでいた日、月影を踏んで歩くイタチの親子の足音が、どんなにぼくを慰め、元気づけてくれたことか。それは小さいながらも、弾んだ生命の脈動を、消えかけていたぼくの生命に吹きこんでくれたのだった。

イタチがおばけ鮒を助けにきたなどという、童話じみた考えを、道男にいうわけにはいかなかった。一笑に付されるにちがいないという恥かしさもあったが、それはいわばぼくの心の中の大切な秘密だった。状況証拠としては、道男のいうほうが正しかっただろう。しかし、ぼくの心の中にすんでいるイタチは、西濠で見たイタチが、おばけ鮒を救いにやってきたのだと、強く語りかけていたのだ。

八月も終りのころ、ぼくは縁に座って、ぼうっと庭を見ていた。

プールキンジェ現象で、ふしぎに明るい紫がかった緑の中に、ぽっと赤いかたまりが空中に浮いているのが見える。築山《つきやま》にある石灯籠《いしどうろう》の、灯をともす穴の中だ。ぼくは眸《ひとみ》をこらして、それを見つめた。灯がついているのではなかった。だが、それは赤いロウソクのように、ちらちらと燃えゆらぎさえしていた。

ぼくはそっと庭におりたち、しのび足で近よる。赤いえたいのしれない小鳥かなにかで、音をたてると、急に逃げてしまうかもわからなかったからだ。

石灯籠の灯ともし穴をのぞいて、ぼくは息をつぐ。大きな金魚が死んでいたのだ。お父さんは金魚が大好きだが、その中でも、いちばん大切にしていた大きな和金《わきん》だった。

どうして、こんなところに、というよりも、ぼくはイタチの仕業《しわざ》だと断定した。こんなふしぎなことをするのは、イタチの野郎にちがいないのだ。ぼくは黒い宝石のような目をもった、茶褐色の優美なけものを想った。真赤な金魚を口にくわえ、明るい薄紫《うすむらさき》の夕闇の中を、妖精のように駆けていく姿を想った。

「おばけ鮒のときと、同じイタチがやったんやな」

ぼくはほほえみながらいった。

「ぼくもそう思う。ちくしょう。またやりやがった」

道男は怖い顔をして、金魚を手にとった。

「あいつ、金魚が死んだので、灯籠の中に入れて祭ってやったのとちがうか。おばけ鮒だって、ちゃんと笹の葉にくるんでいたものなあ」

こういってから、道男のちょっと軽蔑したような目を見て、しまったと思う。

「あほういうな。ここにちゃんと血を吸ったあとがついとる。こんど見つけたら、イタ公のやつ殺してやる」

道男は、金魚をぽいと草むらの中へ投げた。

暗くなってから、ぼくは築山に上り、金魚を拾って石灯籠の中に戻した。

翌朝、もう金魚の姿は見えなかった。

おばけ鮒と石灯籠事件については、ぼくと道男の意見は平行線をたどったきり、いつまでも謎のまま残った。

チロルに近い高原の小川でカワマスを十一匹釣ること

開高健

上部《オーバー》バイエルンでカマスを二匹仕止めてすっかり上機嫌になった私は二日でジムス湖を去っておとなりのシュヴァーヴェンに移動した。ミュンヘンへ一度出て、そこからふたたび南下し、ジュネーヴ行の国際列車でカウフボイレンでおりる。そこから小さな三輛連結の田舎電車にのり、よちよちとオーストリア国境めざして進む。終点がフュッセンという駅で、そこでおりる。《フュッセン》とは《足《フス》》の複数だから、『足あし』という名の町だということになる。ドイツの人名や町名にはときどき奇抜なのがあり、一度私は西ベルリンで《キンダーファーター》（とっちゃん小僧）という名の紳士に紹介されて目を丸くしたことがある。

この《フュッセン》も町名ではかなり異名のほうだろう。《アアレン》（ウナギ）とか、《アッシャースレーベン》（灰の人生）とか、《アイスレーベン》（氷の人生）、《ライヒェンドルフ》（金持村）、《エッセン》（食べる）、《ジンゲン》（うたう）などという町名が地図を眺めているとあちらこちらに出没して、夜ふけの酒のサカナにとても想像力を刺激されるのである。それにこのシュヴァーヴェン州の住民は性はなはだ素朴にしてラブレェ風なところがあり、もちろん語源、語幹にいちいち思いをはせることなく、ほんの習慣としてであるが、《マイ・ダーリン》とアメリカ人ならいうところを、《シャイセルレ》というと、聞くのである。これを訳せば《ウンコちゃん》である。

朝起きて顔を洗ったあと

「おはよう、ウンコちゃん」

と挨拶をかわす。

コーヒーを飲みながら、ニッコリ

「おいしいね、ウンコちゃん」

「よかったわ、ネズミちゃん」

とかわしあう。

冗談ではない。一人の錚々《そうそう》たる言語学者にそう教えられたのである。《ウンコちゃん》は《シャイセルレ》、《ネズミちゃん》は《モイシェン》である。若夫婦は若夫婦、老夫婦は老夫婦で、窓のそとにヤマバトの鳴声を聞きつつ、丸パンを半分に割ってバターをぬり

「ゆうべは眠れたかい。ウンコちゃん」

「ええ、とてもぐっすり。ネズミちゃん」
などと声をかわしあっている光景など、じつに愉快ではないか。思うだに、心なごむではないか。わが日本でも明朝からはじめたらどうだろう。ずいぶん変るのではあるまいか。いろいろなことが……

《フュッセン》は誤解をひどく恐れながらもひとことで要約すると、松本市のような町といえようか。海抜八百十一メートル。オーストリア国境のすぐ近く。チロルまで二粁《キロ》という道路標が夜の森の入口に見えたりする。老若男女のヴァカンス族たちが、小さな駅にリュックや何かをかついでドヤドヤとおりたがたちまち散ってしまって、シンシンとした秋冷がアウトバーンに霧のように流れる。ビアスチューベ（ビール居酒屋）に入ってビールをたのむと、半リットル入りの大コップに土地産の金色をなみなみとみたして持ってくる。紺青のマークに黄の楯が書いてあり、やっぱりフュッセンである。楯のまんなかに黒い三本足をからみあわせた図がある。

駅前でタクシーをひろい、《ホテル・ペンション・ヴァルトマン》まで夜の並木道を走ってもらう。釣場案内書によると、この小さな町のはずれにホッフェン湖というあまり大きくない湖があり、湖畔には避暑ホテルやキャンプ場があるが、湖ではカマス、マス、大ウグイ、ウナギ、ナマズなどが釣れ、とくにカマスがいいとのことである。けれど私は今度は湖ではなく、川を攻めたいと思う。このホッフェン湖にホッフェラウァー・アッシェという小さな川が流れこみ、深さ約二メートル、川幅は三メートルから四メートル、カワマス、ニジマス、ウナギ、ナマズがいいと同書が教えている。ことにカワマスとウナギがいいと、BFとAAの略号に※印がうってある。この二つのうちのBF、カワマスを私は狙おうと思う。BFとはBachforelleの略で、英語では〝トラウト〟と呼ぶマスである。このドイツ語を直訳すると、〝カワマス〟となる。魚類図鑑を見ると、ドイツのマス族はこのほかに〝ミズウミマス〟、〝ウミマス〟、〝ニジマス〟、もう一種〝バッハザイプリング〟（英語では〝ブルック・トラウト〟と呼ぶ種族のマス。これも直訳すると〝カワマス〟となる。日本にいるのはどちらのカワマスだろうか）、この五種である。

ドイツのカワマスは背が淡緑で、腹が淡黄色、体側に白や青の環でかこまれた真紅の斑点があり、すばらしくシックな美しさを持つマスである。敢闘精神に富んで慓悍だが、きわめて神経質であり、鈎《はり》が顎にかかるといきなり跳躍をはじめ、二度、三度、四度、水面をかすめて、トンボ返りをうって大暴れをする。肉はひきしまっていてとてもニジマスなどの比ではない。ドイツではふつう二十センチから三十五センチに達し、この附近の制限サイズは二十六センチ、それ以下は放してやらなければいけない。これまでの記録では八十センチ、五キロに達する大物があげられている。

釣師の眼からするとドイツは天国に近い。ことに南部となると、たまらない魅力である。さほど精密でない地図を眺めてもそのことはよくわかる。平野あり、丘陵地帯あり、アルプスあり、湖あり、大河あり、小川あり。黒い森、フレンキッシェ・シェヴァイツ、上部バイエルン、アルゴイ。川の大きなのを見てもイン河、イザァル河、ネッカー河、マイン河などなど、満々の緑の水がとろりとした渦を巻きつつ流れ、大動脈であるドナウに流れこむ水脈のあれ、これ。そこへ持ってきて近頃さかんになってきたとはいえドイツ人は日本人ほど釣りには熱中しないので釣師の数が少ないから乱獲がおこなわれず、前回カマス釣りで紹介したように許可証なしで釣れる川は一本もなく、許可証を二通持たないで竿を濡らしてくれる水は一滴もないといってよいほどその法律は厳密である。だから淀みに棲むナマズ、コイ、フナの類から急流に棲むマス、ハヤ、グレイリングの類まで、じつに魚影が濃いのである。彼らはゆたかな水ときびしい法律の影のなかでぬくぬくと育ち、ピチピチと跳ねる。

たとえばナマズを見ると、これはカマスとおなじ貪婪《どんらん》家の大強盗で、メダカから水鳥まで、行手をよこぎるやつは何でも一呑みにする癖があり、その習性はドイツも日本もおなじだが、ドイツのナマズはとほうもなく大きくなる。一メートルや二メートルの大物はふつうに見られることで、なかには三メートル、重量にして二百キロという、まるで深海魚なみの巨怪もいるのである。いくらドイツの魚がよく育つとしてもそんな大物はごく稀れなことであろうが、少なくとも一メートルから二メートルのナマズはたいして珍しくないというのは事実で、これにはおどろかされる。毛沢東の熱狂的なファンだが魚釣りは一度もしたことがないという革命青年に、苛烈な革命議論のとちゅうで、ちょっと句読点をうちたい気持になり

「ところでドイツのナマズは平均一メートルだというが、そんなでかいのは日本では考えられない。釣師はどこの国でもホラを吹くけれど、どうなんだろう?」

たずねてみると

「いや、ホラじゃない。ぼくは釣りはしたことがないけれど、ナマズは大きい魚だと思いこんでいる。それくらいのはざらにいるよ。ナマズとしては大きいほうには入らない」

という答えだった。

つぎにドイツにくるときはもう少し強い竿を持ってきてこの種の巨怪に挑んでみたいと思う。あの魚はだいたい玄怪、始原的な、禅坊主のような、混沌無明の魅力ある顔をしているが、一度そういう石器時代的な怪物を仕止めて顔を見たいものである。白い膜のかかった小さくて兇暴なその眼にある闇と光をのぞきこんでみたいものである。

《ホテル・ペンション・ヴァルトマン》は釣宿であるとわかった。強健なモミの黒い林のかげにその小さな、白い宿があって、窓には赤いアオイの花が咲きみだれ、明るい灯がついていた。ホテルというには小さすぎ、下宿《ペンション》というにはやや立派すぎるが、部屋は小さくても洗いたての少

女の膚のように清潔で気持よく乾き、トイレはないがお湯と水がでる。おかみさんや主人のいうところでは五年、十年とかよいなれたなじみのお客さんばかりで、たいていが釣りをかねた休暇客、よく話があうでしょうし、気のおけない人たちばかりですから、気に入るまでゆっくり遊んでいってくださいという。なるほど客が家族気分でいるらしいことは受付も帳場もないことからだけでもよく推察できる。これはいい宿へきたものだ。

主人は〝ヴァルトマン氏〟というよりは〝ヴァルトマンおやじ〟と呼んだほうがふさわしいような風格である。年の頃は五十五、六歳、まだまださかんであっていい年齢だが、足が悪く、顔には衰弱がきざしている。多年の川漁師生活がコタエたのではないかと思われる。あとで年を聞くと六十一歳だとのことであった。このあたりの冬は寒風、雪氷、膚を裂くのではあるまいか。

「……フランス人のお客がきています。もう五年にもなるいいお客さんです。しかし、どういうわけか、カマスしか釣らんのです。今日も朝六匹、昼四匹釣ってきましてね」

おやじはそういって頭のよこで指をまわしてみせる。〝クルクルパァ〟の合図である。マス釣りが最高でカマス釣りは鈍《どん》なものだとドイツでは考えられている。それはそのとおりだと私だって考える。マスは賢いうえにとんではねまわって全身でたたかう。カマスは強力無双、怪腕と牙と体重でさからうが、動作ははるかににぶい魚である。しかし、私はそのカマス気ちがいのフランス人をバカにしたくない。ジムス湖の暗鬱な氷雨のなかでふるえつつひたすら魚信を待っていた一昨日の黄昏と、ついにショックがきたあの瞬間の全身を走った戦慄のことを思いだすと……

おやじは私の竿とリールと道具を見せてくれという。部屋からとってきて、テーブルにひろげると、オリンピックの竿を手にとって重量をためし、まさにマス釣りに理想の竿だという。ダイヤモンドの《マイクロ・セヴン》のリールを鳴らしてみて、すばらしい、日本製品はすばらしいと、いう。それは『旅』の三神君が日本をたつ前日に東作へ走り、お茶の水の旅館にこもっている私のところへわざわざ持ってきてくれたものだった。日本製品がドイツ人の漁師に激賞されて私はうれしい。スピンナーをつぎに指でつまみ、糸をギュッギュッと巨大な手でひっぱり、よろしいと、深くうなずく。よろしい。よろしい。すべて申分ありません。

「私の川は小さいけれどいい川です。このところ日照りつづきで水が少なくなり、マスは深い所に集っていますから、そこを狙ってください。明日の朝十時に自動車でつれていってあげます」

おやじはよちよちとたっていってどこかに消え、しばらくしてから青い紙片を持ってもどってくる。許可証である。三日間の許可期限にしてある。さっきそうたのんだのである。

『日本ノタケシ・カイコウ氏ハ私ノ委任ト勘定ニオイテ私ノ川、ホッフェラウァー・アッシェニテ釣リヲスル権利ヲ持ツモノデアリマス。釣魚許可証　番号671／68　一九六八年七月十二日発行　有効七月十五日迄　署名　ホテル・ペンション・ヴァルトマン』

これはまたちょっと特殊なケースである。ヴァルトマンおやじは父親からの遺産として小川を一本もらったのである。それは現在彼の私有財産となっている。その川に棲む魚を釣りたければドイツ連邦共和国の許可証と、おやじ個人の許可証の二通が必要である。ふつう現場の許可証は金をだして買うのであるが、おやじは自分の釣宿の客にはタダでくれる。そこで客は魚を釣ってくる。おやじは生簀《いけす》のコンクリ槽を持っていて、そこに魚を放す。もし客が自分の釣った魚を食べたくて、現場で腹をひらき、ワタをぬいて持って帰ってきたら、その分についてだけ、いくらかの料金をとる。そのマスはおかみさんの手にかかり、腹に香草をつめられ、バターで焼かれたり、蒸されたりして、ジャガイモといっしょに大皿にのって湯気をたてつつ夜のテーブルにあらわれるのである。

日本の河川には漁業権は認められているが私有化は認められていない。岸に家なり別荘なりを建てる場合も川岸の私有は認められていず、おそらく百メートルくらいだったと思うけど、岸から離れていなければならない。魚によっては禁漁期があって、釣るときには土地の漁業組合に金を払って鑑札を買わなければいけないが、それはこことおなじだけれど、川の私有化ということは日本では考えられないことである……たずねられるままにそういう説明をすると、ヴァルトマンおやじは少しこそばゆい顔になり、アメリカ人もよくそういうことをいってここでは問題になる。たしかに川を私有化するのは妙なことだと思う。けれどこれはドイツの習慣だし、法律で許されていることだ。もう二、三百年もこういう習慣になっている。だからわしは父親にゆずられた物を大事にしたい、そして釣師をよろこばせてやりたいと思っているだけなのだという意味のことを弁解した。

「もし許可証なしであなたの川で魚を釣ったらどうなるんだろう」

「二百マルクから三百マルクの罰金をとる。とるのは警察です。もし私がそういう男を見かけたら、警察に連絡し、パトロールに来てもらいます。私自身は何もしませんし、できないのです」

「よくそういうのはいるの?」

「たくさんじゃない。けれど毎年、夏の休暇のこの季節には二十人くらいはつかまるようです」

「あなたの川は湖にそそいでいるそうですが、マスが川からどんどん湖へ入っていくのは防がないんですか?」

「防ぎません。それはマスの自由です。網や柵を張ってマスを防ぐことは法律で許されていません。ぜったいそれはいけない。いいことを聞いてくださった。私の川のマスは私のものであって私のものじゃないわけです」

「カマスもあなたの川にはいるんでしょう?」

「いますよ」

「カマスは何でも食べるからマスでも食べるでしょう。すると、あなたの敵だ。このカマスとマスのバランスはどうするのです。野放しですか？」

「釣りしだいにたたき殺します。または湖へ放してやります。湖で釣ってはいけないことになっている小さいカマスでも私の川では殺そうが生かそうが私の自由です。それは認められているのです」

「すると、あのフランス人はいいお客さんですね。カマスばかり釣るのだから、あなたのマスを保護するために来てるようなものですな」

「私の川のカマスだけならそういえます」

「でも湖のカマスを釣ってくれたら、そいつらはあなたの川へ入っていかないでしょう？」

「そう。そのとおりです」

ハムを食べ、三本足ビールを飲み飲みして話していくうちにいろいろなことがわかってきておたがいとけてきた。おやじは娘にビールを持ってこさせてチビチビとやりだした。客の釣師たちが何人も集ってきてテーブルにだした私の釣具を眺めて何やかやという。

〝フーヒェン〟のことが話題になったときにおやじはそれまでにない歓びを見せた。〝フーヒェン〟とは〝イトウ〟のことである。あれがドイツではドナウ水系にのみ棲んでいるのである。近年は水が汚れてひどく少なくなり、ほとんど釣れなくなり、たまに釣れたらただ〝幸運〟というよりほかないとバド・ゴーデスベルクの釣具店のおやじさんは歎いている。だからよほどの大物を釣っても逃してやらなければいけなくなっている。たとえばバーデン・ヴュルテンブルク地方では七十センチ以下は禁止されているくらいである。ここではイトウは〝ドナウのサケ〟と呼ばれることがある。イギリス人もそう呼んでいるそうである。ふつう八十センチから一メートルに達し、これまでの最高記録では百八十センチ、五十キロのがあがっているという。

「日本にも十年前まではすごく大きいのがいたそうですが、いまは絶滅しかけていて、《幻の魚》と呼ばれています。どだい釣ろうにもいなくなったのです。けれど私はこのあいだ七十センチと少しあるのを二匹釣った。日本の北にホッカイドウという大きな島があって、その北東にクシロという町がある。その町のそとにすごく広い沼地があり、小さな川が流れているのです。そこで釣った。二匹も釣った。一時間のうちに二匹です。七十センチ以上のをね」

佐々木栄松画伯のガイドで《幻の魚》を二匹揚げたあの朝の感動を思いだし、クラクラとなりながら、両手をそれとおぼしいサイズにひろげた。

するとヴァルトマンおやじは微動もせず、ジョッキをおもむろにひとすすりしてから、財布をとりだし、黄いろくなりかけた写真を何枚となくわたしてよこした。見ると、クラクラとなった。若いヴァルトマンがほとんど身長いっぱいの大魚をさげてニッコリ笑い、その大魚の尾は地べたに折れて曲って這っているではないか……

「あなたのはベイビーですよ」

「………」

「小さい、小さい」

「………」

「とても小さい」

「………」

「そんなものを釣ったらここらじゃ法律にひっかかりますナ」

「………」

「しかし日本にもフーヒェンがいるとは知らなかった。ドイツもあれはドナウにしかいないから知らない人間が多いのです。フランス人も知らない。北ドイツの人間も知らないし、ラインランドの人間も知らない。ざんねんに思っていたところです。いや、愉快です。日本にもあのフーヒェンがいるとは……」

おやじはすっかり上機嫌になってニコニコ笑いだし、われわれはほかの客が一人もいなくなるまで飲みつづけた。おやじはビールを飲み、私はシンケンヘーガー（ドイツ焼酎）を飲みつづけた。

話がすんでたちあがりしなに
「魚の話をすると飲みたくなる」
といったら、おやじは笑い
「釣師と魚は濡れたがるといいますな」
と名句を吐いた。

翌日は一日、おやじの自慢の川をさまよい歩いた。海のようにゆるやかに背を起したり、寝そべったりしている牧草地のあちらこちらにブナの森、モミの木立があり、白い花が咲きみだれ、クローバーのなかでミツバチがうなる。そのなかをくねくねと、遠くから見ると草に埋もれたようになって小さな川が流れている。ほんとに小さな川で、幅が三メートルか四メートルくらいしかなく、上流へいくと溝みたいになってしまう。だいたいの全長は十粁くらいである。けれど魚影はなかなか濃くて、草むらからのぞきこむと、いくつもいくつもの黒い影が電光のように走り、ハッとさせられる。あちらに早瀬があり、こちらにトロ（淀み）があり、木立が深い影と枝をさしのべるしたは涼しい淵である。ほんとに可愛い、好ましい川だった。

けれど、何しろ夏枯れで水が少なくなっているのがざんねんである。川幅が狭いうえによくクネっているし、淵も浅すぎて、スピンナーを投射するのにはよくなく、たっぷりと深みをひくことができない。瀬は瀬でこれまた浅すぎる。あちらこちらに魚の姿が見えすぎる。直射日光を浴びすぎる。これではいけない。マス族にいいのはどんよりした曇り日で、どちらかといえば冷暗な日なのである。上流へ、上流へと歩いていきつつ三時間ほどスピンナーを使ってみたが、二度ほど軽いアタリがあっただけで、マスは大口をあけてとびつこうとしない。あとでためしに緑いろのイナゴと、小さなクモをつかまえ、生餌鈎にとりかえてやってみると、すぐ二匹釣れた。けれど、この地方の制限サイズの二十六センチよりずっと小さいので、二匹とも逃してやった。(おやじは大小にかかわらず何をどれだけ釣ってもいいといってくれたが、自尊心のモンダイである……)

しかし、マスは小さくてもよく太り、身がひきしまり、引きは強くたのもしくて、川のよさがよくわかる。この川には虫が多く、水が清潔で、醱酵がなさそうだ。ブリブリした淡黄色の腹が草むらにおどると、白や紺青の環でかこまれた真紅の斑点がキラキラ輝き、すばらしくシックな姿である。そして腰まで草に蔽われてすすんでいくと、ああ、かなたのブナの木立から仔鹿が一頭とびだしてきて、広びろとした丘のふもとの牧草地を、高く頭をかかげてのびのびと、走っていく。三度までそれを見た。その軽快な姿が小さな金褐色の焰となって牧場のかなたに消えていくのを見送っていると、全心身が丘と陽光と草いきれと静寂にみたされ、爽快な酔いでいっぱいになってしまう。

ああ。

魚なんか。もう。

どうでもいいじゃないか。

どこからともなく、よれよれの皮ズボンをはいた少年がとびだしてきて、あとになり、さきになりして、ついてくる。そして、フッと姿を消してしばらくすると、フッと草むらからあらわれ、小さな泥だらけの手にミミズをにぎって、さしだしてみせる。私がそれを使って、マスを釣りあげたり、おとしたりしていると、よこにたって息をつめ

「Ah!……」

と叫んだり

「Oh!……」


と叫んだりする。

いっしょにミミズ掘りをしようと、竿を捨てて土を掻いていると、カエルがでてきたり、イモリがでてきたりする。少年はミミズを見つけると、いちいち歓声をあげ

「もっと大きい《グロッセル》ぞ!」

とか

「もっと小さい《クライネル》ぞ!」

と叫ぶ。

rの巻舌音がひどくきついのはこの土地のなまりなのでもあろう。rrr!……とうなりつつ彼は細い、やせた、長い脛《すね》で草むらのなかを跳ねまわり、ミミズやイナゴを追っかける。大きなイナゴが見つかると彼は私をひっぱっていってとらせる。いつか嚙みつかれたことがあって、それ以来イナゴは苦手なのだと彼はつぶやく。彼は私に釣らせようとしていちもくさんに草むらをさきへ、さきへ、さきへととんでいき、魚を見つけて声をあげ、その結果魚を散らしてしまい、またさきへ、さきへと、とんでいく。そして、夕方になり、陽が丘にかたむくと、牧草地のはずれまでいっしょにやってきて、道にころがしてあった自転車を起した。私は日本の漆塗りの唐辛子ウキを彼の小さな手ににぎらせた。

「さようなら」

と少年がいう。

「ミミズをありがとう」

と私がいう。

少年は細い、やせた、長い脛をあやつり、黄金《きん》いろに輝く牧場の夕陽のなかへたちまち消えていった。私は『猟人日記』を書いたツルゲェネフを想いだして草むらで手をふる。あれは仔鹿そのものではないのか。さきに逃げていった仔鹿がもどってきて、いままた去っていくのではないのか……

　翌朝、私は考えてみる。夜半に雨の音をひとしきり聞いたから、川は水量が増し、条件はいくらかよくなっているにちがいない。今日は下流をためしてみよう。少し川幅が広くて、きっと淵も深く、マスも大きいだろう。しかし、スピンナーをひくにはやっぱり川は小さくて屈曲しすぎ、キャスティングは無理だろう。玉ウキを使ってみよう。それに生餌鈎をつけ、餌にはミミズかイナゴを使ってみよう。ウキ下を短くして、玉ウキを瀬にのせ、淵へ送りこみ、そこで勝負してみよう。生餌を使うのは下等な技で、はずかしいことだが、目をつむろう。とにかく私はドイツのマスを釣ってみたい。制限サイズ以上のマスを釣ってみたい。提案採決！……ポンとベッドからとびだし、洗面台に水を張り、玉ウキにハリスをつけ、オモリをつけ、一コにしてみたり、二コにしてみたりして、ウキの浮力を実験してみる。赤いヘソのついた黄いろい日本の玉ウキはドイツのオモリを二コつけると沈み、一コつけると浮いた。よろしい。今日は一コでいこう。キマッた！……

　ヴァルトマンおやじに自動車で川まではこんでもらう。おやじは夕方六時に迎えにくるよ、ここで待っていてくれといって帰っていく。草むらで竿にリールをつけていると、おなじ宿のドイツ人の禿げ頭の釣師がやってきて、昨日あそこの木のしたに忘れ物をしたからとりにきた、今日は日曜だから釣りはしない、おれはこの川にもう五年かよってるんだという。

「なぜ日曜なら釣りをしないの？」

「いいズボンをはいたからね」

彼は太いドバミミズを十四くれて去っていった。十四のミミズで十四のマスを釣れという。おやすい御用さ。ミミズを使うのなら。フィーレン・ダンク。やったるぞ。びっくりするな。わが友よ。

露で腰までぐしょ濡れになりながら、牧草地をすすみ、『がまかつ』の鈎にドバミミズを刺し、草むらからそっと竿をさしだして泡だつ瀬にのせる。赤いヘソをつけた黄いろい玉ウキは瀬にゆられつつ、いそいそと流れてゆく。それが瀬の泡をこえて、岸の草をかすめ、トンとトロ（淀み）に入る。それからクルクルまわりつつ、ゆっくり流れにのって、反対の深みにあるボサ（木や草の茂み）へと流れよっていく。ピクン、ズーッとひきこむか。ひきこまれない。よし。もう一回。このブナの一本立ちのポイントのしたにはきっといるはずだ。私は確信する。ここにいなければ今日この川はだめなのだ。

リールがいい音をたてて糸を巻きとる。もう一回。また、もう一回。ふいに日光に輝く水泡のなかに黄いろい玉ウキがキリキリッと沈んでいった。きたゾ。竿をたてろ。リールを巻け。そら。きた。ドカッときた。竿がしなる。リールが叫ぶ。全身へ肩からふるえがくる。重い。ふるえる。

気をつけろ。張りつめろ。かつ、ソッと巻け。バシャッとふいに水音が起る。淡黄色の腹がはねる。そら。マスだ。とびだした。水面をかすめて草むらへ。瀬へ。淵へ。一回。二回。三回。はねる。すべる。水しぶきをあげる。もぐる。はねる。ボサに走らせるな。いい。うまくいった。巻け。巻け。巻け。

泡だつ朝の瀬のなかで私は強引に竿をたてて糸を巻きよせる。竿はビクンビクンとしなり、糸はキィキィと鳴るが、気にしない、気にしない。ボサに逃げられてはオダブツだから引きに引く。この川の小ささに、その魚の引きの強力さ。この愉悦。魚は翻転しながら水のなかをよせられ、バシャッ、バシャッとさからいながら、接近してくる。タモがないから私はリールの張力を信じて一挙に竿をよこへふって牧場へほうりあげる。みごと。バッハフォレレ。もがくやつをおさえて計ってみると三十一センチ。合格。これは記念《トロフィー》だ。持って帰ろう。舌でも味わおう。ドイツそのものを食べてみよう。私はパリの学生街で買ったパン用の安ナイフをみごとに張りきったマスの腹につきたてて切開し、清水でワタをさらいだし、エラに笹の葉をとおす。マスはそんなめに会わされてもまだ思いだしたように全身をはずませて、はねあがる。

夕方、私は十一匹マスを釣り、三匹だけ笹の葉にとおし、あとはみなドイツの水にもどしてやった。川からあがり、牧場をよこぎり、アウトバーンのふちを歩いて、朝、ヴァルトマンおやじと別れた橋へ、ゆっくりと歩いていく。生餌のミミズで釣ったことは、はずかしいけれど、しかし、これでドイツのマスの水中、水上の躍動は、全身につたわった。よくわかった。おやじの川は小さいけれどすばらしく、かわいい。私は満悦した。完璧な一日を味わうことができた。今日も夕陽はゆるやかな丘に射し、牛は首の鐘を鳴らし、どこにもうごく人の影はない。ただアウトバーンにひきもきらずモーターの音が鳴るだけである。昨日、白くて細い脛を見せて夕陽のなかへ消えていった少年は、なぜか、今日、あらわれてくれない。どこでイナゴを追っかけているのだろう。どこの牧場で牛の番をしているのだろう。

すぐ耳もとで、息をはずませ、

「もっと大きいぞ！」

「もっと小さいぞ！」

と叫んでほしいのだが……

追記

日本渓魚会常任理事の田中祐三氏に教えられたところでは、いつか『ライフ』にでていた説だそうであるが、釣師には四階級あるという。最低は〝百姓〟で、これはミミズを餌にして魚を釣り、しかも穴場を人に教えようとしない釣師であり、あと二階級それぞれあり、最高は〝貴族〟。これは毛鈎をいちいち自分で手製してから川へでかける釣師である。私がやったのは最低の土ン百姓釣りということになる。今後二度とやるまいと決心したので、フライ・キャスティングの竿と毛鈎をさっそく買ってきた。誰か名人のところに弟子入りし、〝貴族〟めざして精進いたそうと思っている。

アライグマを飼う少年のことを書いたスターリング・ノースの自伝『はるかなるわがラスカル』は心をのびのびさせてくれる本である。何人かの好ましい人物が登場する。そのうちの一人は森の渓流のそばに家を建て、マス釣りと読書だけして暮している初老の紳士である。シカゴで三十年間運動具店をやってせっせと貯《た》め、いまは隠退し、森の家に一人で暮しているという人物で、なぜ一人暮しをしているのと少年にたずねられて、女がうるさくていけないからだと答える。彼は少年に毛鈎を作る方法を伝授してやり、毛鈎の胴や胸にはアカギツネやウサギなどの下毛を細いワイヤでしっかりとくくりつけ、羽と尻尾にはムクドリの小羽の羽枝を使うといいなどと教える。ウッド・ダックの羽毛を使わないとどうしても仕上がらない毛鉤もある。毛鉤の材料もこの紳士はみな自分で森へでかけてとってくるのだが、ウッド・ダックは一生に一羽しかとれなかったと洩らしている。こういう人をほんとの貴族釣師というのであろう。

シューベルトの『マス』は有名な曲だが、清冽な渓谷の水が白い泡をたてて湧きかえるのが体にじかにつたわってくるようである。歌詞はクリスチャン・フリードリッヒ・ダニエル・シューバルトという十八世紀の詩人の作という。歌詞の大意はつぎのようである。(堀内明訳による)

1

明るい小川を　いそいそとうれしげに気まぐれなマスが
矢のように泳いでいった
私は岸にたち　のんびりと楽しく
元気な魚が　澄んだ小川を泳ぐさまを　眺めていた

2

釣竿を持った一人の釣師が　岸にたっていた
そして冷酷な眼で　魚が身をひるがえすのを　見つめていた

水が明るく澄んでいるかぎりは——と私は思った——
魚は釣師の鈎にかかるまい

3

ところがとうとう　泥棒はしびれをきらした
アッというまに釣師は小川を意地わるく濁した
釣竿がぴくっとうごいて　さきに魚が跳ねている
どきどきしながら私は　だまされたマスを見ていた

水が澄みすぎているときには川に入って少し濁すといい。日本でもこの歌詞のとおりのことをする。タナゴ釣りにいったとき宇留間鳴竿氏にそう教えられたことがある。ハヤの〝アンマ釣り〟も似ている。してみれば、昔のドイツの釣師もおなじことをしていたものと見える。

この歌詞の釣師を男、マスを若い娘と見たてる解釈があるそうである。そういうことを考えるゆとりがないほど清浄、明朗、純潔な曲なのだが、そう聞けばいよいよマスがいたましくなってくるようである。3は釣師にはコタエる歌詞である。今度からマス釣りで川のほとりをはずみつつゆくときは、この曲を口笛だけ吹き、歌詞は考えないこととしよう。

私の友人に音楽学校出身で写真家になったという経歴の男がいるが、彼はいつか、愛の合戦のそのときにこれをかけておくと、とてもいいのだと洩らしたことがあった。ちとテンポが速すぎやしないか。私がそうつぶやくと、なぜか彼は狼狽していた。

アカメ後日譚《ごじつたん》

高橋治

「そのお魚を釣《つ》りましょうよ」

そういう女性が現われた。私は笑った。

「釣りましょうよといったって」

いかに釣りにくいかを縷々《るる》説明した。だが、私がムキになればなるほど、S女は冷静になって扱い難い興味を示すのだ。

「あの魚を釣ろうなどと思っては……」

いけないのだと、私は四万十川取材の第一歩から、いや、遥《はる》かそれ以前から恋いこがれた経過を述べた。

「面白いわ、そのお魚」

S女はますます乗り出して来る。

「あなた夜釣りの経験は」

「いいえ」

「では、昼でもいいから釣りをしたことは」

「いいえ、全く」

それがどうしたといわんばかりの答え方である。これならなんとかなる、私は活路を見出《みいだ》した思いで説得にかかった。無言で過す夜の時間がいかに長く、その上身も凍るほど寒く、微妙な話ながら生理的要求の相談に乗ることなど所詮《しょせん》考えられない話であって、それらの総《すべ》てが、多分、殆《ほとん》ど百パーセントまで報いられることのない結果につながるのだから、女の身でいかに無茶かと私は論理を展開した。うなずき返しつつ、耳を傾けた結果の返事がこうである。

「私ぴったり側《そば》についていて離れない。運命的瞬間はどうしても見届けなきゃ」

私は言葉に窮して黙りこんだ。この女性は耳が悪いのではないか。あるいは聞きたいことだけが聞える特殊なフィルターでも耳に入れているのではないか。そう思った。

そもそもは私が悪い。

S女は生活情報をふんだんに詰めこんだ新しいタイプの雑誌の編集長で、私は創刊以来不定期な連載の頁《ページ》を持っていた。旅、味、地方文化を三本の柱にする一種の紀行文を書くために落鮎《おちあゆ》の時期に土佐の小京都といわれる中村市を訪ねようという企画だった。

「今の時期なら、そろそろアカメが」

私は口を滑らせた。仕事で行くのではなく、写真撮影がない、同行取材がない旅で、思う存分アカメに挑《いど》むことが出来たらどんなに楽しかろうかと思ったのである。

口調に不審なものを感じたのか、アカメならぬS女がガブリと食いついた。

「なんです、そのアカメというのは」

そのひと言で、私はたじたじとなるばかりの立場に追いこまれた。

「女って、普段見なれているのは掌《てのひら》にのるような魚ばっかりでしょう。でなかったら、全体を想像しようもないような切身。だから、これが魚だ、文句あっかっていうような写真も読者に見せて上げたいじゃない」

私が両手でやっと抱えているアカメの写真を、彼女は自分の雑誌にのせるというのだ。

「それを見た読者の誰かが、真似《まね》して四万十川でアカメ釣っちゃったなんて、面白いと思いません？」

語尾を上げ、首を傾《かし》げて私を見た。

現在はそういう時代であって、男のすることなら、女はなにごとによらず征服してみたくなるものなのだそうだ。いわれてみれば、拙宅の愚娘もサスペンダーを愛用して私の眉《まゆ》をひそめさせ、その中《うち》にジョージ・ラフトばりに真白なスパッツをつけるといい出すのではないかと、憂慮させたりもする。

だが、各種オリンピック競技の例を引くまでもなく、人類の歴史とは、女性による男性行動文化侵害の記録だったともいい得る。別に驚くには値いしないのかも知れない。

それにしても、万々が一にもアカメが釣れたとしよう。夕食の惣菜《そうざい》に関する記事を期待する女性たちが雑誌を開いたら、見開き二頁にアカメの写真がのっている。彼女らが仰天する様が眼《め》に浮んだ。これればかりは魚ロースターで焼いて、大根おろしをそえてというわけには行かない代物《しろもの》なのである。

「食べちゃいましょうよ、みんなで」

S女は私の頭の中を見すかしたようなことをいうと、唇《くちびる》を横にひろげる独特の笑顔で私を見た。それが、また、〝花の中年なぜか独身〟には似つかわしくないほど妙に愛くるしい。始末が悪いのだ。

「それにきめたっと」

私の抵抗がゆるんだのを、良いしおといわんばかりに決断を下した。なにせ編集長なのだから、決意するのに誰はばかるところもない。私は自分で目方三、四十キロのアカメを横ぐわえにしている図を想像し、悪夢にうなされる思いだった。

例の如《ごと》く、中村市訪問第一歩は四万十屋、鰻《うなぎ》の白焼を思う存分食おうという腹である。店へ入った途端、熱帯魚などを飼って置く水槽《すいそう》一杯の大きさの魚が眼の前に立ちふさがった。辛《かろ》うじてこちらに斜めに向けた顔の両眼が、昼日中のこととは思えぬほどに赤かった。

「わ、可愛《かわい》い。絶対に釣りましょうよ、これ」

S女は弾んだ声を上げた。

「黙れ。狙《ねら》って釣れるものなら苦労はいらん」

声にはならない私の内心の呟《つぶや》きだった。

「今年はアカメの魚影が濃いようですよ」

いつ来たのか、四万十屋専務の佐田明生さんが脇《わき》に立っていた。

「これは昨夜《ゆうべ》うちの専属の船頭の山下さんが釣って来たばかりなんです。まだ型は小さいそうですが」

「じゃ、釣れます?」

S女は聞いた。佐田さんは驚いてS女を見返した。

「その、釣れる釣れないという魚ではございませんので」

「でも、いるんでしょう。数いれば釣れるわよ。中にはおなか空《す》かしているのもあるから。……でしょう」

首を傾げて見せた。

「だったら大丈夫。まかせて置いて」

「……はあ」

S女は釣るときめたといわんばかりに手を叩《たた》いた。

片山さんに電話をかけると、今年はまだ一度もアカメを狙いに出ていないという話だった。大したことはないが、心臓に持病があるので、一人で夜釣りに出て万一にもひと様に迷惑をかけてはいけないからと、いかにも片山さんらしい律儀《りちぎ》さである。


潮どきからいうと午前三時頃《ごろ》が最高になるが、山下さんが昨夜釣ったのなら今夜もまた必ず出て来る。だから先に出なければいけない。出漁十二時、片山さんがそう決めた。一度釣り上げられた場所では、なかなか次の魚が餌《え》づかないという片山さんの経験から出たことである。

十一時半、片山さんの家の農機具小屋に集った。片隅《かたすみ》にアカメの稚魚を飼っている水槽がある。去年十糎《センチ》ほどだったアカメが十尾ほど揃《そろ》って立派に成長し、二十糎から三十糎ほどになっていた。餌《えさ》にするマブナの群れが入れてある。マブナは水槽の中を自由に泳ぎ廻《まわ》り、アカメは折重なるようにして隅にかたまっている。

「食べるんですか、このフナを」

初めて見るアカメにひきこまれたようにのぞきこみながらS女が聞いた。

「はい。動いたと思う瞬間には横ぐわえにしています。それを一度口から放すんですが」

長身の片山さんは上半身を折り屈《かが》めるようにして、私に説明したのと同じことをS女に丁寧に話した。

幾分しゃくり上げる形の特徴ある頭部には真珠色の色彩が流れ、それが玉虫の羽根に似た輝きを放つ。銀色に光る顎《あご》が際立《きわだ》つ顔は体全体から見ると小さい。その分精悍《せいかん》さがあふれて、獲物の隙《すき》をうかがう時の千代の富士を思わせる。

「ふーっ」

音をさせて、S女が詰めていた息を吐いた。今度はなにもいわない。立ち尽す背には、官能的な疲れを思わせるものが漂っていた。

到《いた》るところで虫がなき、無風の川は静まり返っていた。骨までこごえた去年の釣りに較《くら》べれば嘘《うそ》のようである。夜釣りがいかに厳しいものであるかをS女に力説した身としては少なからずこそばゆい。

月夜の闇《やみ》というのか、金星だけが輝いていて、いつもの降るような星は見えない。しかし、時折、川面《かわも》をかすかに渡る風がたてるさざ波は、夜目にもはっきりと見える。総じて藍《あい》一色の世界にわずかに白々と感じさせるものが流れている。

ボラがはねた。水面をたたいて割る飛沫《しぶき》が、白さを予期している眼に妙に黒い。片山さんが押して行く櫓《ろ》の音にまじって人声が聞えた。対岸でライトの小さな灯《ひ》が動くのが見える。

「ボラの火振りです」

片山さんが小声でいった。片山さんは船着き場に近い漁場には眼もくれず、川岸に沿って漕《こ》ぎ上って行く。やがて、黒い固まりが下って来るのが眼に入った。押し殺したような櫓の音がその影を追って来た。

「先を越されました」

片山さんは軽い舌打ちを洩《も》らした。

「山下さんです」

こちらは漕ぎ上り、向うは下って来るせいか、見る見る山下さんの舟が近づいて来た。

「食わしたか」

「ああ」

「太いのか」

「いや、細《こま》か。三つほど」

「ほーう」

「そっちは食わしたか」

「いや、食わさん」

つい今しがた餌のボラを水に入れたばかりだから、食わすも食わさないもない。しかし、そこが対抗意識なのだろう。片山さんは余計なことはいわない。

やがて、雄大に繁《しげ》った楠《くすのき》が右手に見えて来た。そこにさしかかれば、餌が慄《ふる》え出すことがわかっている。しかし、ひと流し目である。そう思うように行くわけがないという気持もあった。

「間もなくです」

狭い舳《へ》先《さき》に身を寄せて座っているS女とDカメラマンに私は小声でいった。ひとつには、釣りのことだから、いつ静寂が修羅《しゅら》場《ば》に変わるかわからないということがある。ことが始ってから撮影の準備にかかられても遅いのだ。

Dカメラマンがうなずいた。S女は無言である。つい先ほどアカメの実物を見た興奮がまだ続いているらしい。

餌が慄えた。両手がしっかと覚えている去年の慄えは比較にならない。ただの脅えではなく、生命の危機を前にして、なす術《すべ》もない絶望の足掻《あが》きを思わせるものが伝って来る。

体が慄えているばかりではなく、なんとか自由を得たいと、右に左に小刻みに走るのが伝わって来る。

「む、これは」

片山さんが呟いた。片山さんの流している餌も烈《はげ》しく動いているに違いない。

「来てますか」

「来てます」

低いやりとりがあった。途端に、餌の慄えが止った。代って、ズシンと重い抵抗が来た。

「うむ」

思わず声が出た。何分の一秒かふわっと軽くなって、すぐ次の呑《の》み込む動きが糸に伝って来た。穂先もなにもない、先端を切り落しただけの竹の棒が曲った。今朝切った竹で、つい先程まで鳥が止っていたと片山さんが笑ったくらいだから、重い。それがぐぐっと曲った。

「やった!!」

S女が叫び、Dカメラマンが立ち上った。

重さを存分に受けとめ竿《さお》をあおり上げた。

「早い、まだだ」

片山さんが厳しい声を出した。同時に、すぱっと抜けた。糸の先は全く抵抗をなくし、力を入れていただけに反対側の舷《ふなばた》からトンボを切りそうな空振りだった。去年の二の舞いだ。

魚を釣《つ》り落した時はいつも同じである。水の中に手をのばせば、魚体をつかみ上げられそうな気がするものなのだ。キスやカワハギを逃しても納得し難い非運と歎《なげ》くのが釣人なのだから、二度までもアカメを釣り損なったとあっては、己《おの》が技の拙《つた》なさをわれとわが身で罵倒《ばとう》したい気持だった。

こういうのはこたえる。じわじわと内心の悔いが水位を上げて来る。ひたひたと自身への怒りが押し寄せて来る。後悔と自己嫌悪《けんお》の水面から辛うじて顔をのぞかせ、漸《ようや》く溺死《できし》せずにすんでいるようなものである。

ああすれば、こうすればと様々に思いが走る。だが、一度眼の前をかすめて去ったチャンスは二度と戻らない。

そこで拗《す》ねて諦《あきら》めてしまわなかったのは、片山さんの鋭い声が響いたからだった。

「食わした、これは太い」

私の糸とからむのを防ぐために、私は一メートル半ほどの竿を使い、片山さんは櫓を左手で押し、右手でじかに糸を握っている。

その糸がぐんぐん出る。足もとに置いてあった糸巻が勢いで空中にはね上げられ、船底にぶつかって音をたてた。

暫《しばら》くは一目散に走る魚の勢いに糸を送りこむばかりである。それが止った一瞬、片山さんの右手が大きくしゃくり上げられた。

「かけた。上げますか」

鉤《はり》がかりを確かなものにしておいて、取りこむまでの巨魚との戦いを私に味わわせてやろうという、友情溢《あふ》れる配慮である。

「はい」

私は立ち上った。

「ちょっと待って下さい」

片山さんは右手に糸を握ったまま、櫓の周辺を片づけ始めた。舟の底には色々な道具がある。それらを整理しておかないと糸がからむ。邪魔なものを片寄せ糸を渡してくれようとした。

「あ、失敗《しま》った」

片山さんは二、三度糸をしゃくった。先の抵抗を失った糸は頼りなげに空中に舞い上る。

「水底の岩に走って……」

烈しい舌打ちが言葉に続いた。用心しすぎて、却《かえ》って、虚をつかれたらしい。二十号という牛でも引けそうな糸が、岩にこすられたのだろう、木綿糸のように切れていた。

「ふうっ」

S女が息を吐いた。

鉤にかかったアカメは、岩の間にもぐりこんで力較べに持ちこむか、岩に釣糸を巻きつけて切ろうとする。片山さんはなん度もその話をしてくれた。これはアカメに限らず、甲羅《こうら》を経た大型魚には共通した保身の術である。鉤にかけた大きなモロコに岩穴に入られ、どうしても取りこむことが出来ないので、伝馬船《てんません》に結びつけて帰って来た。翌日見に行ったところ、遥《はる》か離れたところを伝馬船を曳《ひ》いて泳いでいたなどという話はいくらでもある。

片山さんが私に渡そうとしなかったら、写真撮影などということが頭になかったら、それよりなにより、私が最初に来たアカメを上げていたらと、後悔は逆戻りばかりする。

ひとつには、アカメは他の魚と違って、追い食いをしないと聞かされていたことがある。同じ魚でも鯛《たい》などは全く違う。鉤から外れても、食おうと思った餌がひときれでも残っていれば、大胆にもう一度食いついて来る。だから上手《うま》い釣人は外した後でも一、二度必ず探ってみる。それをしなかったために、魚が海面まで餌を追い、舟に驚いて潜って行くなどというのは間々《まま》あることなのだ。

追い食いをしない、釣られた同じ場所では暫く食って来ないとあっては、最早《もは》や絶望に近い。私は半ば以上諦めた。ふた流し、三流し、片山さんはしかし黙々と櫓を押す。月夜とはいえ真夜中のことである。こちらが漕ぎ上る、山下さんの舟が漕ぎ下る。ひそやかな櫓の音と舷を叩く低い水音が近づいて来ては遠ざかる。歌舞伎《かぶき》の〝だんまり〟に似た光景が暫く続いた。声をかけては来ないのだが、山下さんが全身でこちらの気配をうかがっているのがわかるのだ。

餌が暴れるのはもう特に気にかけることではなくなっていた。夜目にも黒々と水面に影を落としている楠の森の下に来れば、必ず餌は暴れるのだ。狙う魚は確かにいる。問題はただ食いついて来るか来ないかだけである。

と、最初に重い、そう感じた。

鉤先の異物感である。

餌のボラは、動かない。

異物感が揺れた。

まさか。

自分の感覚を疑う。

糸が、水を切る音が違う。

待った。

自分を押えた。

三つ、四つ、五つ。と数を数えた。

ガクンと引き込みが来た。

間違いない。渾身《こんしん》の力で竿を上げた。

「来ましたか」

「来たのね」

「やった」

片山さん、S女、Dカメラマンが同時に叫んでいた。

竿どころか、腕ごと水の中に引きこまれそうな力である。竿を外さなくてはいけない。思いが走る。竿先の環《わ》には切れ目が作ってある。そこから糸を外せないままに糸がどんどん出て行く。右手で糸を握り、左手で竿を外そうとする。相互の手が邪魔になる。

「投げこめ、竿を」

片山さんが見兼ねて叫んだ。妙なことである。全く念頭になかったが、五月の大鯛釣りでは、魚の勢いに逆らいきれずに竿を海へ投げこむのは珍しくない。竿尻《さおじり》にも糸がついていて、その糸で竿も魚もとりこめる。それを思い出した途端、呆気《あっけ》なく外れた。竿を投げ出し、左手を糸にそえる。両手の掌《てのひら》を焼くような勢いで糸は出て行っている。無制限に出していては岩穴に潜られるか、鉤が外れるかする。

大の男が一人川底で糸を手繰《たぐ》っているような勢いに逆らいつつ、適度の制動をかけて糸をのばさなければならない。それでも糸は出る。

「なんメートルですこの糸」

「百メートル」

片山さんが叫び返したその糸が、もう殆《ほとん》ど出尽してしまっている。

「大丈夫です、岸じゃなく川の真中へ向けて走ってる」

片山さんのいうのは底が砂利だという意味だ。うなずき返した。同時にまた強烈な引きこみが来た。糸巻が空中にはね上げられ、水の中に落ちた。

「あっ」

片山さんの悲鳴に近い声だった。

「大丈夫、糸は握ってる」

片山さんがうなずいた。初めて気がついたのだが、片山さんは魚の走る方向に向けて全力で櫓を押している。それでなくては糸が足らなくなるか切られるかするからだ。

「どっちです」

片山さんが聞いた。幾分余裕が出来て、私は魚が引く方向を正確に示した。糸の先には重さと引く力だけがあって、距離感は全くつかめない。いつ来たのか、Dカメラマンが私のすぐ側《そば》に立ち、S女は舳《みよし》に立ちつくして茫然《ぼうぜん》としていた。一挙に出現した修羅場に呑《の》まれてしまったらしい。

魚が止った。すかさず糸をとりこむ。だが、ほんの束《つか》の間《ま》のことで、反転してまた走る。次の瞬間にはピタッと止り、動かない。首を振りながら、こちらが糸に力をこめるのを待ち、渾身の力で振りちぎろうとしているように思える。

じりっと僅《わず》かにのばす。その分、魚は計ったように正確に向うへ動く。止るのか、走るのか、互いに呼吸をうかがい合う。

ガバッと音がして水面が割れ、魚体が空中に踊った。あんな所かと思うほど遠い。そして、その大きさに圧倒された。

「あそこだ」

見そこなったDカメラマンに、魚がはね上がった場所を教える。教えながら糸を手繰る。魚の直線的な動きが、次第に上下動に変って来た。どのくらいの時間戦ったのか、魚が弱って来ている証拠である。引く距離、下へ突っこむ深さ、次第にそれらが小幅なものになって来た。

二度、三度、水面を割った。

フラッシュが光る。

潜る。走る。形だけは繰返すがもう舟を引きずる力はない。私が糸を取りこむ。片山さんが舟を寄せる。舟はもう川の中流に近い。十メートル、初めて正確な距離感がつかめた。

もう、水面下を左右に走る魚の姿が朧《おぼろげ》気に見え、水面の乱れも見分けられる。

「舟が見えると、下へ突っこみますよ」

片山さんの注意に答える間もなく、真一文字に舟底の下に入った。これがあれほど弱っていた魚かと思うほど力が強い。

浮いて来ては潜り、浮いて来ては潜りする。その度に片山さんは魚の頭から舷側《げんそく》が外れるように、外れるようにと舟を操っている。Dカメラマンが舷に足をかけ、水面に乗り出して次々にフラッシュをたいた。

「そろそろ最期《さいご》です。この魚は頭が水から出たらもう駄目《だめ》ですから」

諦めたかのように、その頭が水から出た。顔が思っていたより大きい。闇を裂くフラッシュの光の中で、眼《め》が真赤だった。

寄せきったものの、いかにも重い。一気に引きぬこうとして糸が切れたらそれまでである。水から離れる時に余力の総《すべ》てをかけて暴れる魚も少なくない。魚が間《ま》をうかがっているように思えた。どうしたものか。迷った。

「口の中に手を突っこんで」

片山さんから指示が来た。

「歯は無いも同じだから大丈夫です。突っこんだ手でエラの内側を探って」

その通りにした。四本の指がエラブタから出た。スズキの近縁だから刃物のようにエラブタが鋭い。

「違います。エラブタの内側です。出っ張りがありますから、そこに手をかけて」

探った。確かにある。そこをつかみ、ぐっと持ち上げた。なんとも重い。エラブタがたわんだ。

折れるのではないかと思うほどの重みである。

そのまま一気に持ち上げ、舟底にどさっと下した。優に一メートルに余るだろうか。片山さんが初めてつけた懐中電灯の光の中で、本当に、異様に眼が赤かった。

S女がよろめきながら歩いて来て、その頭の側にしゃがんだ。

「私たちって、これ、本当に食べるの？　信じらんない」

横ぐわえにした悪夢を見させた当人は、一体どこの誰だと聞きたくなるような口調だった。

片山さんは口からエラブタにマニラ麻のロープを通して結び、アカメを艫《とも》から水に入れた。漕《こ》ぎ帰る舟の動きの通りにアカメはついて来る。それは最早や戦う術《すべ》を失った従順な敗者の姿だった。

だが、懐中電灯でその姿を照らし出すと、ほんの刹那《せつな》の間、赤く輝く眼を見せただけでアカメは水に潜った。動く光を嫌《きら》う魚なのだと片山さんはいう。だが、釣り上げた身には、潜って行くアカメの姿が、僅かに残った敗者の誇りのように思えた。

私は釣った獲物の計量は勿論《もちろん》のこと、魚拓をとるなどという未練なことはしない。ましてや剝《はく》製《せい》にするなどは悪鬼羅刹《あっきらせつ》の所業に思える。

だが、片山さんが大体十五キロと断定した時には、この魚だけは正確に計って置こうかという誘惑にとらわれた。しかし、その内心の声には耳を傾けなかった。

あの寒夜に、足かけ三年、することもなく舳《みよし》で胴震いしていた編集氏と斎藤カメラマンの顔が、眼の前をかすめたからである。さぞや憤激するだろうと思うと、ただの一点だけでも、アカメを現実味に欠ける獲物にして置きたかったのだ。

その点、男の心根の優しさに較《くら》べれば、女は凄《すさま》じきものを内心に秘めている。現在では、それほどの大きさのアカメを釣《つ》ったこと自体がニュースになる。桟橋《さんばし》につないで置いたアカメを取材しに、翌日は新聞社が来、テレビジョンが来た。村人たちも集って来て、本当に、法螺《ほら》ではなく、鶴嘴《つるはし》で鱗《うろこ》をはいだ。肉を各所に配り、片山さんの家に集った全員が堪能するほどアカメを食った。にも拘《かかわ》らず、S女はこんなことをいい出したのだ。

「ね、今晩も、もういっぺんやりましょうか」

例の唇《くちびる》を横に開くような笑い方である。私も片山さんも、無節操にもその笑いについ欺《だま》された。そして、私はもう一度アカメを釣り上げてしまった。前夜より戦いは遥かに熾烈《しれつ》なもので、釣果も片山さんの推定では二十キロを越すという。

眼の先をかすめた編集氏の顔は、怒りを含み、私の方を見返りもしなかった。

翌朝、もう一度、そのアカメを見に行った。

四万十川の水は澄んでいる。桟橋の近くでは川底が見える。そこから、ほんの二、三百メートルも上ったところに淵《ふち》があって、十キロ、二十キロはまだ小さいと言われる魚がひそんでいようとは、到底思えなかった。

後山川の夜

舟越保武

後山川を思い出すだけで、私はなぜか緊張を覚える。いつの頃からこの川の名が出来たのか、アトヤマガワでもない。ゴザンガワでもない。ウシロヤマ川と呼ばれている。

多摩川の上流に小河内ダムが出来て奥多摩湖になって、その上流は丹波川と名が変る。丹波川が奥多摩湖に注ぐあたりの地名が「お祭り」という。

「お祭り」のところで右の方から流れ込んでいる川、深い谷を流れて来るのが、この後山川である。

後山川は両岸が切り立っていて、雑木の大木に覆われている。だから、道から川の流れが見えるのは少ないほどの嶮しい谷川で、何かしら凄みがある。材木を伐り出して運ぶトラックがやっと通れるだけの道が曲りくねって延々と続く。

私たち三人の釣り仲間が、はじめてこの川に入ったのは、今から二十五年も前のことだ。いわゆる釣りキチを絵に描いたようなもので、解禁から禁漁までの期間には、週に一度ならず、二度行ったこともある。

彫刻の仲間、芥川永と松平実と私の三人は憑かれたように、この川に通った。何が私たちを惹きつけたのかわからない。というのは、川に降りるのも難かしい、この嶮しい渓谷では釣果も少なかった。それでも私たちにとっては、秘境のように思えて、妖しいこの谷川の魅力にとらわれていた。

だからこの川で釣った山女魚は、他の川の山女魚の何倍も貴重に思われた。この川で釣った山女魚の一尾は、他の川の山女魚の十尾に値する。私たちはそんなことを語り合った。

山女魚とはいい名前をつけたものだ。雌雄があるのに、私には山女魚はみんな雌のように思われる。その名の通り、山奥に住む少女の裸形を見る思いがする。

この神秘な魚の側面の、みずみずしい紋様を見ると、釣り人は、みんな似たような感情を持つのではないだろうか。手のひらの上でピリピリと震える魚体から伝わるものは、何かしら性的な感動に似たように思われるのだが。これは私だけかも知れない。とすれば、私は相当な好色漢なのか。

この魅力が手のひらから伝わって来る妖しい昂奮は、俗にいう好色とは、ちょっとばかり異るものでいくらか高尚なものだ。そう自分に言い聞かせている。私と同じような感情を覚える人が他にも、たくさんいる筈だと私は妙な理屈を考えている。

後山川は、お祭りの合流点から、六粁《キロ》ぐらい上ると、青岩谷の出合いになり、そこから先は、道はない。林の中のケモノミチのような暗がりになって、私はその上流には行ったことがない。戻れなくなる予感がして、これから先は入ってはいけないような気がする。お祭りからこの長い林道を歩いて行く、その間、人の住む家は一軒もない。当然のことで、こんな淋しいところに人が住めるわけがない。後山川の凄さは、そんなことに関係があるのかも知れない。

私はいつも三人でこの川に入るのだが、三人それぞれに自分の気に入った地点から川に降りるのだから、約束の集合時間までは、殆んど一人で川の中にいる。川からは上の道は見えない。

私は急坂の灌木の茂みをしゃにむに漕ぐようにして、川に降り立つ、岩を嚙む流れの音に圧倒され、見上げる対岸の暗い木立ちに胸をふさがれる思いがして、たちまち孤独感に包まれてしまう。

対岸の林の下の暗がりに、ほのかな白さを見せて咲く山百合の花を見ても、その美しさを賞でるゆとりさえもなくなっている。

私は、ただ流れに糸を振り込みながら、孤独とたたかっているようなものだ。釣竿を振りながら、私はしきりに独り言を呟いている。絶えず何かをしゃべっている。しかも私がしゃべっているのは、まことに野卑な言葉ばかりなのに気がついてハッとする。

谷川の神聖な清さを、このカビだらけの身体で破っているのではないかと思うと、自分が小さく薄汚ない存在に思えて来る。鏡がないのでわからないが、その時の私の顔は、ふだんの顔よりもっと醜悪な顔になっているのではないだろうか。

川岸の木立の下の暗がりの中に、輝くばかりの白い肌の女性の裸形が見えるようで、それが、視界の外れにいつもチラついている。私はそんな小悪漢になっているのだ。私を渓流に惹きつけるのは、このような、私の中の秘密の慾望があるからではないか。そんな気がしてならない。


私たちは釣りキチの慾ばりで、いつも夕まずめまで川にいる。道糸の目印が殆んど見えなくなるまでねばっている。だから、竿を納めて急坂の藪を漕いで、林道に上がる頃には、もう夜の闇につつまれている。

山奥の夜の暗さは、都会にいて考えるような甘いものではない。月もなく星も見えない曇り日の落日の後は、漆黒の中を手さぐりで歩くことになる。

道の両側に樹が覆いかぶさっている所では、足元の石ころさえ見えない。墨汁の中に入っているようなものだ。まさに墨汁なのだろう。呼吸もできないほどの怖しさの中に捕えられて逃れられない。眼を開いているのに何も見えない。夜の闇が巨大なコウモリの翅のように私におおいかぶさって、私は死の淵を歩いているように思えて来る。

はるか下の方から聞える瀬の音も、時に大きく聞えたり、まるで音がしなくなったりする。その時は、現実の音に代わって、こんどは闇の音になる。ジー、ジーッと頭の中にひびいて来て、これは闇の声というものだろうか。魑魅魍魎《チミモウリョウ》というのか。鬼哭愁々というのだろうか。

この巨大な黒の怪物に頭から呑み込まれて、私はその体内で足掻いているようなものだ。昼の明るさの中では考えられないことだ。夜の闇の中では、すべてがこの怪物に呑み込まれてしまって、呼吸することもできない。

私は人一倍臆病なので、集合場所の自動車の止めてある所までたどりついて、二人の友が来るのを待っている僅かの時間にも耐えられない。煙草を喫っても、煙草の火だけが小さく赤くて、私をとりまく無限の闇にすぐ消されそうだ。懐中電灯を灯して見ても、その前方だけが見えて、そのほかは更に闇が濃くなるような気がする。

ようやく三人そろったところで、みな闇に追われるように、そそくさと、釣具をしまって着がえする頃になって、やっと人心地にかえる。

あの夏の夜のことを。あのことを今でもはっきり瞼にうかべることができる。

いつもの集合場所に三人がそろったのは、もう九時に近かった。水筒に残ったお茶をのんで、「さて帰るとしましょうか。出発」と元気に言って、自動車は闇の中の林道を走り出した。

ヘッドライトに照らされる道は、明るいのだが、昼間とはまるで様子がちがって見える。道のデコボコが妙に強調されて見える。両側から覆いかぶさった木の枝が、自動車の屋根にさわると、ザラザラッと大きな音をたてる。ヘッドライトは明るく前方を照らすのだが、その光芒の外は真暗だ。木の幹が異様に浮き出て見える。

うしろをふり向いて見ると、何も見えない。ただ漆黒の闇があるだけだ。バックミラーも黒い。何とも無気味だ。

林道を下って丹波川への合流点までは、まだ四粁ほどもある。

道が大きくカーブしたとき、ヘッドライトの光芒の中に、突然白いものが浮いて、それが動いた。

白い着物を着た女の人が立っていた。こんなところに、こんな時間に人が居る筈がない。だけど、人が立っていた。私たちの自動車を避けて、路肩ぎりぎりに寄って、立っていた。

白地に藍色の花模様の浴衣を着て、赤い伊勢巻を締め、素足に日和下駄をはいた、細身の若い女の人だった。ヘッドライトを避けてか、その人は、顔を谷の方に向けていた。白いうなじがはっきり私の眼にのこった。

　自動車は速度を落さないで、そのまま走り過ぎた。とっさの間のことだった。車窓すれすれに浴衣の白さが私のそばを後へ走って、たちまち見えなくなった。その人は川上に向かって歩いて来た様子だった。

　誰ものを言わない。誰も後をふり向かなかった。

　自動車は心なしか速度を速めたようだった。タイヤが小石をはじき飛ばす音と、谷底の瀬の音だけがあった。

　やっと国道に出て、湖畔の街灯が見え出した頃になって、

「見た？」

「うん」

「何でしょう」

「わからない」

　それだけ言って、三人とも、また黙ってしまった。自動車は夜の国道をひた走りに走った。

　あの女の人は、何故あそこを歩いていたのだろうか。何処に行くのだろうか。たった一人で、あの真暗な林道を、奥の方へ歩いて行く。とても考えられない。

　自動車ですれ違ったときは、とっさのことで、あっと思っただけだったが、次第に妖しい怖し

さがひろがってきた。

気がふれた若い女が、夢遊病のように谷川の林道を上って行ったのだろうか。それにしては、着物の白さも鮮かで、髪も乱れていなかった。うなじがすっきりと美しかったから、髪もきちんと束ねていたと思われる。

「バックミラー見なかった？」

「見ません」

「後の窓を見なかった？」

「見ませんよ」

昭和五十二年の、たしか八月末の夜のことだった。三人とも浴衣の柄まで同じ記憶だった。おどろおどろした怖さではない。むしろさわやかな記憶として残っている。

闇の中に白く浮き出して、たちまち消えた白い浴衣と、細いうなじが、今では後山川の美しい思い出になった。

猿猴　川に死す

森下雨村

横畠義喜が死んだ。それもくわしいことはわからないが、どうやら好きな網打ちに出かけていて、川で死んだらしい、と人伝えにきいて、わたしはなにかのまちがいだろう、猿猴《えんこう》が川で死ぬなんて、そんなことがあってたまるものかと頭《てん》から話を受けつけなかった。

釣りのことでは、いろいろ厄介もかけ、昵懇という以上に遠慮のない仲で、物部《ものべ》川へ出かけた時は、いつもかれの家に泊めてもらったほどであるが、わたしの従弟の腹ちがいの妹の亭主というだけで、身近い関係はなかったので、表面《おもて》立った通知はなく、死んだことは事実としても、むろん病気での急逝であろう、お悔みの手紙は従弟が帰ってからのことにしようと思っていた。

ところが、その従弟が帰ってきての話では、やっぱり川で死んだのだという。あの猿猴がと、きょとんとなると、いつものように早暁の網打ちに出かけて、田村堰《たむらぜき》の付近でひと網投げた時、堰の上をわたっていた二人連れの子供の一人が、もう川原ぎわというところまできて、足を踏みすべらしてころげ落ちた。それを見て投げた網はそのまま、堰の上をいっさんに、泡立つ水の中へ跳びこんだものらしい。が、その拍子に運わるくかれも足をふみすべらして、泡立つ水中の岩角にしたたか頭を打ちあてて、それっきりになったらしい。ころげ落ちた子供は、押し流されて、川原にとりつき無事であったが、その子供たちのしらせで、誰彼が駈けつけた時は、義喜はもうどうする術もなかったそうだと、従弟はしんみりと語った。

猿猴の義喜が川で死んだ。猿も木から落ちる。ものは考えようである。猿猴が川で果てたのは、あるいは本望だったかもしれない。それも溺れる子供を助けようとして、不慮の死をまねいたのだ。義喜らしい死に方だと、わたしは暗然としながら、その冥福を心から祈ったことであった。

かれは隣村K村の水のみ百姓の次男であった。神祭などに従弟の家で度々顔をあわしてお互いに釣り好き漁好きの話があい、いつとはなしに親しい仲になっていた。

漁好きといっても、そのころのかれは、文字どおりの猿猴であった。竿釣りはもとより後年、物部川筋でその妙技をうたわれた投げ網などには目もくれず、仁淀川の淵瀬をもぐり荒らす河童の大将であった。すらっとした細形の体軀と精悍な気性は、見るからに人間の中の川獺《かわうそ》といった感じがして国境の落出付近から下流黒瀬のあたりまで、えんえん二十余里の仁淀の流れで、かれの一党が金突きを入れなかった淵や浅瀬はどこにもなかったであろう。まったく川に生れ、川に育った猿猴であった。それでして誰れにでも親しまれる底なしのお人好しであった。水にもぐって魚を追うかれの瞳は、おそらくらんらんと川獺のそれのようであったであろうが、陸に上ったかれの目は、じっとうるみをおび、どんな悪童でもとびついていくような人懐っこさを見せていた。十幾人のかれの仲間が、いつもいっしょになって、かれの後にくっついていたのは、不思議でもなんでもなかった。

ある年の夏神祭《まつり》に、顔をあわした時、近々に鷲《わし》の巣へいく、あの淵に鯉がいることは見とどけてある、その鯉をとって、ご馳走するから出かけてこないかとの話であった。鷲の巣は仁淀川の上流も、もう国境に近い大きな淵で、一度、鮎のどぶ釣りにいったこともあり、思い出の淵であった。そのどぶ釣りにいっしょに行った可祝のおやじがひょうきんな話しずきで、「いつのことか知らないが、急ぎの用で松山へ出かけた男が、鷲の巣へさしかかると、むこうの川原で鯉を釣っていた男が、たわみかかる竿を必死にもちこたえて、とりつやりつの最中《さいちゅう》。どうせ、まだ幾刻《とき》かかかると見て、後ふり返りふり返り松山までいって、用を足してあけの日の午過ぎ、鷲の巣まで引返した。いくらなんでも、と思いながら昨日のことが忘れられず、山の峡《はざま》をぬけると川原の方へ目をやった。と、昨日の釣人が川原ぎわに死んだようにぐったりとなって横たわり、その傍に尋《ひろ》あまりの大鯉が、これもぐったりとなっていたそうだ。」

ヘミングウェイの「老人と海」を思わすような可祝のおやじの話も思い出されて、同行を約した。松山行きのバスにゆられて、約二時間、仁淀溪谷の眺めは、その淵、その瀬に忘れがたい思い出があって、わたしは車窓から目をはなす閑もなかった。両岸の山が狭まる大崎のあたりから、赤い山百合が路ぶちの崖に咲きみだれて、どこまでもつづいていたのも、いまだに眼の底にのこっている。

おそろしい急カーブをした山の鼻を越えると、右手の山ぎわに小学校の建物が見えた。車窓からは人家一つ見えないこの山峡のどこから児童が集まってくるだろうかと誰しも小首をかしげそうなほど、閑寂な別天地といった感じだった。

夏の休みでひっそり閑とした校舎の前でバスを下りた。眼の下はもう鷲の巣の大淵である。三百メートルも歩くと、右手の谷間に人声がした。谷間に大きな岩があり、その岩蔭を根蔭にかれの一党が前日からたむろしていたのだった。

一党は六人であった。六つの自転車が谷間にならび、岩の蔭にはよごれた毛布が二枚ひろがっていた。その上にごろ寝をしているものもあれば、谷間で食器を洗っているものもあった。みんなまっ黒に日焼けした二十歳前後の屈強な河童であった。

鍋をのせた石のかまどの前にしゃがんで、炊事係りをやっていた義喜は、わたしを見るとにんまり笑って、「待ちかねていた、恰度《ちょうど》いいところへきた。そろそろ昼飯にかかるところだ。」といって、寝ている連中を呼び起した。七人が毛布の上に円陣をつくって鯉こくの鍋をかこんだ。

「まだ二、三びきいるが、なにしろ淵が深いのでどこへ隠れたか見つからない。やっとのこと二ひき追いつめたが——」と義喜がいうと、

「その二ひきとも、おやじが突いたんだ。やっぱりおやじは猿猴だよ。」

と傍のまるまる肥った副将格らしい年輩の青年が、義喜の猿猴ぶりを賛嘆した。

味噌も菜っ葉も、鍋のなかのものは、みんな自転車へつんできたのであろう。バスに揺られて腹もすいてはいたが、人里はなれた谷間で、猿猴たちの手料理の鯉汁の味は、また格別であった。鍋の中はたちまち空《から》っぽになって、若い河童たちは飯盒《はんごう》の中の沢庵をお菜《かず》に、ざぶざぶとお茶づけをかきこんでいた。

一行は前日の正午に着いて、この淵はその日の夕方までにたいてい片をつけた。今日の午後は鯉捕り、午後は下も手の瀬をやる。うなぎは三百匁ほどのやつを一ぴき、瀬の肩に見つけてあるから、これから案内するという。そのころ、わたしはまだうなぎ釣りにもこっていて、この川筋へも時々遠征した経験があったので、その時も、釣道具はさげていくといってあった。それで、鮎を追いながらうなぎを見つけておいてくれたのであろう。

五人の河童が下の瀬にとびこんで、適当な間隔をとって逃げまどう鮎を追いつめていくのを眺めながら、わたしも褌《ふんどし》一つになって義喜の後から瀬の中に立ちこんだ。丁度、川の中ほどのかなり大きな石の下に、うなぎの白い頸《うなじ》がちらと見えた。三百匁もあるかどうかはわからないが、

大ものであることはまちがいなかった。わたしは、餌をさしたひごを口にくわえ、眼鏡のくもりを拭いとって、じっくりと自分の足場から、釣り上げてからのことを考えた。胸へくる水深である。それも瀬肩の激流である。釣り上げた獲物を川原まで持ちつけることは容易でない。あきらめた方が賢明だぞと思った。まごまごしていれば獲物といっしょに荒瀬を押し流される醜態を演ずるかもしれないのだ。

川原の方へ引返していく義喜を呼びかえして手伝ってもらおうかとも考えた。が、この荒瀬の中で協同して手の貸し借りはできそうもなかった。しかし、あきらめてしまうのも残念だった。石の右側に寄りそうて、上半身をもぐるようにして、ひごの餌を近づけた。文句はなかった。強い引きがぐっぐっと手にこたえる。止める。鈎《はり》はがっちりと掛った。それまでは型のとおりあっという間に運んだが、さてそれからがどっちも悪戦苦闘である。相手はむろん梃子でもとずくばる。こっちは相手の力がつきるまで、じっくりと頑張りたいが、だんだんと呼吸が苦しくなってくる。遮二無二引き出そうとあせりにあせるが、尻尾をがっちりかけたであろう、びくとも動くものではない。この勝負、結局、わたしの敗北であった。

鷺の巣の鯉汁とひごをとられたこの鰻釣りは、いつまでも横畠義喜と関連して忘れがたい思い出となった。もう廿年からの昔である。

義喜が香長《かちょう》平野へ入作に入ったのは、それから三、四年後、シベリヤ出兵から帰って間もなくであった。水呑百姓の次男坊では前途が思いやられるというので、兄や親戚が心配して、米どころの香長平野へ入作に世話をしたのである。小さい二人の子供をかかえて、それからの田圃仕事はけっして楽ではなかったであろう。幸いにかれも家内も病気一つしらない頑健な働き者であった。一町歩に近い田圃を、汗にまみれて、界隈のほめ者となったほど働きつづけた。恵まれた二毛作の香長平野は働いて働き甲斐があった。あの戦争が終るころには、子供も五人にふえていたが、長男も無事に帰って嫁をもらい、農地改革で耕地は自分のものとなるし、牛も二頭にふやせるほどの気楽な百姓になった。

朝夕に投げ網をもって川へ出はじめたのはそのころからであった。物部川の鮎は型もよく、大体いつの年も豊漁であった。上流に深い谿谷がある。上下流とも底石の荒い急流だからであろう。釣りによし、友掛けによしであるが、網には条件がわるく、川筋に網を投げる漁夫の姿は、ついぞ見かけたことがなかった。その荒川に網を入れたのはかれが草分けで、また最後だったかもしれない。

わたしは投げ網については、なにも知らない。いつか仁淀川筋での投げ網の名人といわれる老人から「網は魚を打つのではない、石を打つのだ。魚の群を目がけて打つのは素人で、魚が逃げていく前方の石をねらって打つようになれば一人前だ。」と聞いた時、なるほどそんなものかと感心したことがあるが、かれの投げ網は石を打つというその老人の打ち方とはまたちがって、かれ独特の打ち方ではなかったであろうかと思う。

水加減を見て案内のハガキが、時には急電がまいこむ。わたしが早々に駈けつけると、待ちかねていたかれは網を手に川へ急ぐ。川原に下り立ち、左の手を額にかざして、じっと上下の水際をすかすように睨みまわしていると思うと、やがて手ごろの石を二つ三つひろい上げ、抜き足差し足、獲物をねらう猫のように水際の方へ近づいていく。前かがみになった体が、一瞬、はじかれたようにそりかえった時、八尋にあまる絹の網は半円の弧をみごとに描いて水に落ちる。手にした石がつづけざまに後を追う。

まったく目にとまらぬといいたいほど見事なその手さばきを見る度に、わたしは自分にも真似のできるものならばとほとほと感じいったものだった。

かれの話によると夜明の白みと夕暮のまづめ時には、深りの魚が川原際へ寄ってきて、小さい波紋をたてながら群れあそぶ。その群が大きくなればなるほど、水際に近い水面が音もなく揺れざわめく。その波紋と揺れる水をねらって網を投げるのだという。投げ網の秘訣は、どうやら網を投げる手練よりも、水際に近づく魚の動きを見る目にあるらしく思われた。

二、三年もたたないに、物部の川筋に投げ網が流行りはじめた。かれはそれらの弟子たちに手をとって教え、魚を見る秘訣も伝授したであろう。が、かれの跡をつぐ第二の猿猴が現れたかどうか疑わしい。

かれが不慮の死に会したのは、昭和廿八年の十一月、享年五十六歳であった。年を越えて横畠義喜追悼の会が村を挙げて盛大に行われた。祭壇には人命救助のために身を捧げたかれの徳を頌する大幟が垂れ、弔いの詞を読む人々の声がふるえて、校庭にあふれた老幼がひとしく頭を垂れて涙にむせびぬれていた。

(註・土佐では河童のことを猿猴と呼ぶ)

グダリ沼

井伏鱒二

青森市から乗合自動車で出発し、大野《おおの》部落を右手に見て雲谷峠《もやとうげ》に向かった。それが六月六日であった。

雲谷峠のことを、土地の人はモヤノトンケといっている。トンケは峠である。一面に雑草と灌木に覆われた片岡で、背伸びをして競うような樹木は一つも見当らない。その眺望は「雄大だ、雄大だ。」と幾ら大声で叫んでも、そこを見たことのある人は決して不自然だとはいわないだろう。陸奥《むつ》湾が一望のもとに見え、それを抱えるように陸地が遥か眼のきかない遠くまで両脇につづいている。下北《しもきた》半島と津軽《つがる》半島である。カッコー、ウグイスの声が、絶えずきこえていた。

このモヤノトンケという岡を登って、車が若葉のトンネルを通りぬけて行くと、突然ひろびろとした高原に出た。ところどころに、どっしりとしたブテノキが立っているだけで、野草の吾妻《あずま》桜《ざくら》の花が一面に咲きそろっていた。萱野《かやの》高原というそうである。この広濶《こうかつ》たる原に、一棟《むね》の田舎屋づくりの茶店がある。入口に「かやの茶や」と書いた板ぎれをぶら下げてあった。土間のなかは、がらんとして、誰もいなかった。ストーヴにかけた薬缶《やかん》の湯が、ぐらぐらと煮たっていた。湯呑みはお盆に伏せて台の上に置いてあった。鴨居《かもい》の貼紙に、こんなように書いてあった。

「皆様お疲れ様で御座いましょう。どうぞ御自由にお茶をお上がり下さい。お茶代はお心次第です。」

それで、勝手にお茶をついで飲んでいると、どしんと薪《まき》を地面におろす音がして、七十前後と見える老人が土間にはいって来た。重い薪をかついで帰ったので、息をきらしていた。私にはこの老人のいう言葉が、半分以上もそれ以上もわからなかった。

「お邪魔しております。あの貼紙を見て、勝手にお茶を飲んでいました。下界で飲むお茶とちがって、大変おいしいですね。」

私がそういう挨拶の口をきくと、老人はわが意を得たというように、

「うんだアだ。」

と答えた。

老人は附近の山の名前だけはよく知っていたが、私のたずねる昔の道路の在《あ》り場所については答えることが出来なかった。昔は川づたい沢づたいに歩いたものだろうというだけであった。もしそうだとすると、大野村から鹿湯《すかゆ》の湯場に行く道は、八甲田《はっこうだ》の大岳《おおだけ》に水源を持つ荒川《あらかわ》という川

づたいに通じていたものだろう。魚を釣りながら旅をつづけるには誂《あつら》え向きである。

萱野高原から鹿湯に行くバス道路は、若葉のトンネル道であった。ときどきコブシのような花が目についた。コブシにちがいないと思ったが、それとちがって灌木である。

「タムシブという花です。」と運転手がいった。「この辺のものは田打ち桜といいます。田植えが近づくと咲きますから。」

それからまた暫《しばら》くして、渓流に架かった橋を車が渡ってから、運転手がいった。

「さっき私、この辺のものは田打ち桜といいます、といいましたでしょう。この辺のものといったのは、山麓あたりの木樵《きこり》のことです。」

念の入った訂正である。つい私も、念のために地図を出して見た。車の走っているあたりから山麓の村まで、約二十キロの距離である。その区間に見かけた人家は、萱野高原のはずれで立ち寄った、かやの茶屋一軒だけである。つくづく私は、「津軽の山は広いぞ。」と思った。

車の窓をあけると寒かったので、すぐしめた。

「寒いなあ。嶽気《らんき》というやつかね。」

「もうこの辺は、標高三千尺ぐらいですからね。秀峰八甲田のうちの、大岳の中腹あたりになります。もうすぐ鹿湯です。雲上の霊泉、鹿湯です。」

また渓流を渡った。萱野高原からそこまで行く間に渡った四つ目の渓流であった。青く水をたたえた淵が、ちらと目に映って、私の眼底に残った。

「いい渓流だ。素晴らしいようじゃないか。ちょっと、いけそうだね。あの川、ヤマメかね、イワナかね。」

私がきくと、

「イワナでしょうね。さっき、最初に渡った川では、ヤマメが釣れます。いつか私、ものすごいこと釣りました。そりゃすごいものです、ぼんぼん釣れましたね。」

と運転手がいった。


その日の私の予定では、午前中に鹿湯の温泉場風景を見て、夕方までに蔦《つた》温泉にたどりつこうということになっていた。ところが、大岳の中腹に近づいたころから次第に山が荒れだして、鹿湯に近づくにしたがって、ひどい濃霧になって来た。運転手の見透しがきかないので、霧の霽《は》れ間だけを選んで車を進める必要があった。ブナの密林が濃霧にかき消され、暫らくすると薄れて行く霧のなかに、ぼんやりとその姿を現わして来る。そこを見すまして運転手は車を徐行させていた。

鹿湯の温泉宿に着くと、いきなり喇叭《らっぱ》を吹き鳴らすものがいた。いまどき喇叭の音をきくのは珍らしい。見ると、兵隊服を着た七十前後の老人が腰に一本の横笛を差し、直立不動の姿勢で喇叭を口にあてていた。進軍の合図か集合の合図かしらないが、ふざけているとも見えないで、なかなか達者に吹き鳴らす喇叭の音であった。

「あれは、客人を歓迎する喇叭です。心配なさらなくっていいです。」

と運転手がいった。

この喇叭は、無意味に鳴らしているのでないことがわかった。ここの温泉宿は、つくりが大きくて棟が幾つにもわかれ、ふとした一部落ぐらいの外観である。二千人の浴客を収容することが出来る。こんなに家が広くては、女中たちを勢ぞろいさせるのに何かの合図が必要だろう。女中たちは、この喇叭を合図に玄関に集まって来て、新来の客にお辞儀するのである。

もう午後三時すぎであった。霧も深くて危険なため、私はこの宿に泊ることにした。二階の窓から渓流が見えた。清冽《せいれつ》な水が、傾斜を持った岩の台地を掘りさげて流れている。ちょっと釣れそうな川のような気がしたので、陽のあるうちに釣るつもりで私は釣りの支度にとりかかった。

そこへ宿の主人と、さっきの老喇叭手が来た。

「あの川、釣れるでしょうか。」

と老喇叭手にきくと、

「とんでもない。あの川には、虫いっぴきもいない。」

という意味のことをいった。

私は自分の耳を疑った。釣れないわけがないと思われる様相の川である。それで老喇叭手の津軽弁が私には難解なため、運転手に通訳してもらった。やはり釣れないそうである。この川は、裏山の池から流れ出ているが、その池が熱湯の渦巻いている火口湖であるときいては致しかたない。

私は釣道具を鞄に入れ、ちょっと間の悪い思いをしながら釣竿も袋にしまった。それを宿の主人が気の毒だと思ったのだろう。

「お客さんは、ずいぶん、釣りがお好きのようですね。お客さんの御都合次第では、明日グダリ沼へお出かけになりませんか、きっと大漁です。明日は、うちの番頭も出かけますから。」

主人はよくわかる言葉でそういって、グダリ沼の素晴らしい漁について話した。それによると、この宿の番頭たちは、午後ちょっと出かけるだけで、イワナを二十ぴきから三十ぴきも釣って来るそうである。その沼は、ここから蔦温泉に行く途中、八甲田山中の高原のはずれにある。いま八甲田の連峰は、大岳、小岳《こだけ》、硫黄岳《いおうだけ》、石倉岳《いしくらだけ》など、みんな雪をかぶっているが、中腹の高原にはワラビがびっしり生えている。この宿の番頭たちも、ワラビ狩りのときには、山ほど採るのでトラックに積んで帰って来る。沼のほとりの風景も悪くない。グダリ沼の岸に沿うて生えている柳は新芽が萌《も》え出ている。沼地には、ハマオモトに似た水芭蕉《みずばしょう》が生えている。雪をかぶった連峰が、沼の水にうつって風景絶佳であると主人がいった。

これは釣り情報として、私には最優秀なものであった。無論、行かないという法はない。宿の主人が、その沼のイワナは最近になって養殖されたものであるといった。昔は何もいない沼だったそうである。

のんびりとして、居心地の悪くない宿であった。老齢の喇叭手は名刺を取り出して、

「この名刺、一枚しかないが、受取ってもらいたい。少々よごれているのは、古くなったためで、最後の一枚だ。」

そういう意味のことをいって、手垢《てあか》でよごれ、くたくたになった名刺を私にくれた。ずいぶん沢山《たくさん》の肩書があった。あまり肩書が多いので、その一部だけここに記してみると、「鹿湯共栄会長」「八甲田山中鹿湯十和田湖蔦湯谷地《やち》猿倉《さるくら》田代《たしろ》案内」「青森営林署東北帝国大学植物研究所」「鹿湯温泉衛生組合長」「横田村竹細工組合長」「鹿湯定期馬橇《ばそり》組合長」その他の肩書で、名刺の裏面には、「鹿内仙人」という通称を記念スタンプにあしらって捺《お》してあった。この喇叭手の鹿内仙人は私に植物研究所を見物さしてやるといって、裏手の小高い岡に連れて行ってくれた。見なれぬ灌木や、高山植物や、笹などが生えていて、鹿内仙人はそれらの名前や特色についていろいろ説明してくれた。植物については博識の老翁である。崖ぎわにツツジに似た花を持った灌木があった。その花を、何げなく私がむしり取ろうとすると、

「止《よ》せ止せ、危険だ。美しくっても、猛毒の花だ。」

という意味のことを、鹿内仙人がいった。この花の汁をなめると即死する。先代萩《せんだいはぎ》という芝居に出る悪者は、この花の汁を用意していたものだそうである。

この裏山を地形の上から見ると、谷間に噴火口が口をあけ、その噴出物が堆積して出来た岡であろう。噴火口は渦巻く熱湯をたたえた大きな池になって残っている。その熱湯の流れ出したものが、一見清冽な流れとなって、その流れに沿う硫黄の露出している地面に、熱い蒸気の噴き出しているところがある。その箇所を板で覆いをして、さらに長っぽそい箱の台を置き、この台のなかに熱い蒸気を流しこむ仕掛けになっている。これに腰をかけると、お尻が温まって来る。一種の安楽椅子である。

夕方、私がお湯からあがって裏山の散歩に出かけると、浴客らしい二人の娘さんが尻をまくってこの安楽椅子に腰かけていた。一人は、婦人雑誌か何か声を出して読みつづけ、他の一人は編みものをしながら、その音読する声に耳を傾けていた。

グダリ沼まで行く途中、沿道にある睡蓮《すいれん》沼という火口湖を見た。ぐるりにアオモリトドマツの原生林をひかえ、よほどこの沼は干あがって水底を見せていた。それでも、一つの火口湖として、森閑と澄ましこんでいた。水の干た地面に、点々と水芭蕉が生えていた。この沼にはモリアオ蛙といって木の枝に卵を生む蛙がいて睡蓮もさく。魚は釣れないそうである。そこから見える峰の名前を運転手が教えてくれた。右から高田大岳小岳、八甲田大岳、石倉岳……。

車がバス道路から脇道にはいって行くと、道が悪くなった。私たちは運転手をそこに残して徒歩で行った。このあたりは、もう昔の南部《なんぶ》領だということである。グダリ沼まで一里半の道程だが、宿の主人の言葉通り、びっしりとワラビの生えた原っぱがあった。急な下り坂もあった。雪《ゆき》解水《どけみず》が、その坂の道ばたを小川になって流れていた。丸木橋を渡ってブナの木の林を抜け出ると、広々とした原が眼前に現われた。浅瀬の川を渡るとその原に出る。牛や馬が放牧されていた。

「あの牛や馬は、南部領の者が連れて来ているのです。」

番頭の一人が私にそういうと、兼さんという番頭が、

「しかし、ここは津軽領です。」

といった。

私たちは、いったん南部領にはいって、また津軽領にはいったわけである。地形が極めて複雑になっているのを私は納得することが出来た。

グダリ沼は火口湖ではない。地の底から水が大量に湧き出して細長い沼をつくりあげ、あふれ出した水が小川になって浅瀬の川に流れこんでいる。番頭の一人が、釣りの支度をしながら、この沼での釣りかたを教えてくれた。餌は灰色の小さなバッタである。それを水面に軽く落し、水に浮かしたまま自然に流れているように流して行く。餌を沈めると、もし釣れたにしても魚が藻《も》のなかに潜りこんで駄目だそうである。水藻が一面に密生して、水底をいっさい見せてない。

岸から一株の木が沼に倒れこんでいた。その幹丸太の上を歩いて行った番頭が、

「やあ、イワナの品評会だ。大きなのや小さいのが、うようよ集まっている。ここがいい。水族館だ。」

と、水のなかをのぞきながらいった。

私は岸の猫柳《ねこやなぎ》の茂みから釣ることにした。こんな場合、釣師というものは目をらんらんと光らせながら、茂みをわけて水を窺《うかが》っている。私は茂みをわけて水のなかを見た。藻の上に、殆んど水面すれすれに一ぴきの大きなイワナが静止しているのが見えた。一尺五寸ぐらいだろう。よく見ると、藻のかげに三びきも四ひきもいるのが見えた。私は、一尺五寸の静止しているやつをねらって、振りこんだ。餌は、そのイワナの鼻さきに落ちた。相手は迷惑そうに一尺ばかり左に身を避けた。もう一度、ねらいをつけて振りこむと、相手は迷惑そうに一尺ばかり右に寄った。まるで相手にしないのである。悠然として一向に怖がる様子がない。私は何度も同じ攻めかたをした後で、イワナの尻尾の付け根をねらってみた。相手は一尺ばかり前に進むだけであった。

場所を変えても駄目であった。腕時計を見ると一時すぎで、もはや切りあげどきであったのでお昼弁当をたべた。しかしもう一度、ほんのちょっとだけと思って釣り場に引返した。すると、茂みのなかに一人の釣師がいた。四十前後の年配である。その男は私を見て、

「お前さん、どこから来た。」

といった。

「東京から来た。」

と答えると、その男はいった。

「釣れたか。」

「駄目だ、一ぴきも釣れない。こんな沢山いるのに、どうして釣れないのかね。さっぱり駄目だ。」

「儂《わし》も、今朝から釣っておるが、一ぴきしか釣れぬ。」

その男は岸から魚籃《びく》を取りあげて、

「これを、お前さんにあげよう。よいかお前さん、宿へ行ったら、お前さんが釣ったということだよ。」

その男は、生かしてあったイワナを私の魚籃に入れた。私は辞退したが、

「いや、持って行け。」

といって、むしろ無愛想な素振りで茂みのなかにかくれた。この男は、ここの放牧場の番人か何かだろう。一本竿を持っていた。この附近には何里四方の間、番人の住む家以外、民家は一軒もなさそうである。

私が荷物を置いていたところに引返して行くと、番頭たちが鼎坐《ていざ》して弁当をたべていた。兼さ

んが私の魚籃のなかを見て、ちょっと驚いたようにいった。

「おや、釣りましたな。これは驚いた。やっぱり、好きなだけのことはある。」

それは私をからかったのではない。この番頭も、一ぴきしか釣れないのである。もう一人の番頭も、一ぴき釣っているだけで、あとの一人は一ぴきも釣っていなかった。釣れないのは、あいにくヤマセが吹くためだと番頭たちがいった。ヤマセとは東風のことで、こんな日には、さっぱり釣れないのが普通なのだそうである。この人たちは、もすこし釣りたいといったので、私は案内してもらったお礼をいって帰ろうとした。番頭の一人が私を追いかけて来て、二ひきのヤマメをお土産《みやげ》だといって私の魚籃のなかへ入れた。

「どうも有難う。」

「いや、こちらは夕方まで釣ります。どうせ帰りは月夜ですから。どうぞ、お大事に。」

その番頭と私は、手を振って別れの挨拶をした。

引返す道は殆んど登り坂だけで、私は相当くたびれた。車のあるところまで、一里半の道を二時間あまり費した。運転手は私の魚籃を受取って、

「釣れましたね。一、二、三びき。みんな二年ものですね。」

といった。

私は一ぴきも釣れなかったという代りに、

「きょうは、ヤマセが吹くから、さっぱり駄目なんだ。」

と答えた。

バス道路に出てから蔦温泉に行く道は、すこしずつ下りになる一方で、もはや雪をかぶった峰は見えなかった。渓谷づたいの曲りくねった道をゆくのだが、このあたりの新緑は素晴らしい。

「むせるようでしょう、この新緑。」

と運転手がいった。

ときどき水の流れる音がきこえ、新緑に遮《さえぎ》られた渓流が、途切れがちにその姿を見せた。運転手も気持が浮きたっていたものだろう。たぶん知りあいか何か、バスガールの案内口上を思い出したものと見え、歌をうたうようにいった。

「右手、木の間《こま》がくれに見えて参りました流れは蔦川《つたがわ》で御座います。この川にもヤマメ、イワナなどが沢山おりまして、青森辺からも釣りに参る人が御座います。静かな流れの音が、林間にこだまして、幽邃《ゆうすい》な深山の気をただよわせております。この渓谷の秋の紅葉は、十和田線中、一二といわれ、絵にも筆にも口にも、現わせない美しいもので御座います……。」

私は運転手に、蔦温泉場の釣り場についてたずねた。川よりも沼の方が近くて便利だそうである。地図を見ると、蔦沼という火口湖が、温泉宿のすぐ近くにある。

宿に着くと、私はすぐに釣りの支度をして、餌は何がいいか宿の人にたずねた。ブナの木の青虫がいいという返事であった。薪ざっぽうでもって、ブナの幹を力いっぱいなぐりつけ、青虫を梢《こずえ》から落すのだそうである。

私は宿の人から蔦沼のある方角を教わって宿の裏手に出た。小路の両側にブナの林があった。薪ざっぽうはなかったが、手ごろの木切れが見つかったので、それを拾って一本のブナの木を力まかせになぐりつけた。木切れは手もとから折れた。

私は蔦沼をちょっと見て引返した。宿に帰ると、二台のトラックに満載されて団体客が着いた。そこへまた大型バスに詰めこまれた団体客が来た。宿全体が急に活気を帯びて来て、別棟の広間で宴会がはじまる模様であった。女中たちが廊下を急ぎ足に行ったり来たりした。しかし宿の主人は落ちついたもので、掛軸《かけじく》を幾つも一と抱えにして私の部屋に持って来た。そうして、殆んど一言も口をきかないで、物しずかに一幅《いっぷく》ずつ取りかえて床《とこ》に掛けて見せてくれた。たいてい大町《おおまち》桂月《けいげつ》の書いたものである。一幅、小杉放庵《こすぎほうあん》の描いた南祖坊《なんそぼう》坐像の想像画があった。みんなこの宿で揮毫《きごう》したものだそうである。

私は特別の話題がなかったので、「桂月先生は、よほどここでもお酒、召しあがりましたか。」といってみた。無口な主人は、「はあ。」と答えた。「放庵先生も、よほどお酒がおすきでしょう。」ときくと、「はあ、いやそんなには。」と答えた。

「どうも有難う。すっかり、眼福《がんぷく》にあずかりました。」と礼をいうと、「いえ。」と、そっけなくいって主人は座を立った。

蔦温泉の在《あ》り場所は赤倉《あかくら》山の中腹だが、正確にいえば、赤倉山系に含まれる或る山の翠微《すいび》の間である。その裏山の火口湖から、可愛らしい流れが溢《あふ》れ出て、宿の裏手を遣水《やりみず》となって流れ去っている。地域は概《おおむ》ね平坦で、南北二丁ぐらい、東西その倍ほどの狭隘《きょうあい》に限られている。三方をブナの木の茂る丘で取りかこまれ、ほんのわずかに東の方だけ開けている。あるいは、この地域は附近の湖と同様に、噴火口のあとであるかもわからない。それが土砂のために埋没して、その結果、ぐるりを緑なす丘で囲まれた別天地となったのだろう。秋の紅葉も見ものだということである。

私はこの温泉宿に一泊して、翌朝、まだ太陽の出る前に起きて焼山《やけやま》に向けて出発した。焼山には、ヤマメ釣りの板垣金作という老人がいる。私はこの老釣師に奥入瀬川《おいらせがわ》の釣り案内を頼むため、前の晩、宿の人のはからいで交渉ずみにしておいた。

宿の庭を出て行くとき運転手がいった。

「大町桂月先生のお墓、もう一度、拝みますか?」

私は割愛した。前日、もはや夕食前に参拝してお墓に草花を供えておいた。お墓は宿の近くの林のなかに、二股にわかれたブナの大木を背景にして立てられている。桂月先生は、この土地の風景や人の風儀にあこがれて、この温泉場に戸籍を移してここで亡くなった。

車は樹海のなかに通じる道を進んだ。左右からブナの枝が差しかかって天蓋をつくり、前方を見ると、下り坂の若葉のトンネルになっていた。その茂みの隙から見えるのは、重なり合った山の、あくまでも濃みどりの密林だけである。この附近から背後の山、約二十数粁《キロ》にわたる密林を、十和田樹海というそうである。ブナの木を主にした一大原生林である。蔦川に沿う道に出ると、黒っぽい羽根の鳥が二羽、川のおもてをかすめて飛びながら、車と並行について来た。川つぐみにしては二倍三倍も大きすぎるようである。その鳥は、川が滝になっているところまでついて来ると、身をひるがえして滝壺の真青な水面に身を浮べた。同じような鳥が、滝をかすめて何羽となく飛びまわっていた。オシドリではないだろうかと思ったが、すぐ見えなくなったので何だかわからない。

「きょうは、いい天気になりますね。どっさり釣って下さい、トラックに積むほど。奥入瀬川には、十和田湖のマスも流れ出ています。一名、和井内《わいない》マス、北海道阿寒湖《あかんこ》のカバチェッポです。」

運転手は車を徐行させて左手の崖を私に見させた。

崖の斜面に裂けめのある岩が見え、その下にあたる岩裾《いわすそ》に、ちょっと見落して行きそうな岩窟があった。

「穴だね?」

運転手は返事をする代りに、女の子の声色を真似て説明した。やはり、観光バスの女車掌が説明するように節をつけていった。

「あれは、風穴《ふうけつ》と申します。あの岩窟を覗《のぞ》きますと、千尋《ちひろ》の奈落より、神秘なる冷風が吹き上げて参ります。明治の文豪大町桂月先生は、あの穴を御覧になりまして〈この穴に神代《かみよ》の冬の籠りけり〉と、即興にてお詠《よ》みになりました。」

バック・ミラーにうつる運転手の顔は、決してふざけているものとは見えなかった。

焼山の部落には、橋の附近に数軒の家がある。金作さんと会う約束の場所は雑貨屋にきめていたが、時間が早いのでまだ来ていないそうであった。この雑貨屋で、私が草履《ぞうり》や煙草など仕入れる間に、運転手が金作さんのうちを訪ねて車で連れて来てくれた。七十前後と見える老人だが、しゃんとした姿勢で助手台に乗っていた。私は初対面の挨拶をした。金作さんのいう言葉は私にはさっぱり通じなかった。

「餌はメメズです。どっさり持って来たそうです。」と運転手が、私に通訳の労をとってくれた。

「釣場は、三キロほど川上だそうです。この爺さん、きょうはマスが釣りたいから、大きな魚籃《びく》を持って来たと言ってます。ともかく、釣場の荒らされないうちに、駈けつけなくっちゃ。」

私たちは釣場に向けて出発した。すぐに道が谿谷にはいった。

金作さんの魚籃は、魚籃といっても竹で編んだ普通の背負い籠であった。車のなかに立てかけている釣竿は、三本つぎ二間《けん》もので、穂先きがアユのゴロビキ用のものほど太かった。私の釣竿は阿佐ヶ谷《あさがや》の大沢釣具店で買った細竿である。穂先きはハヤ竿よりもまだ細く、その代りに細いテグスで間にあうので、ヤマメが飛びついて来る率も多いわけである。金作さんのような太い穂先きでは、よほど太いテグスをつける必要がある。念のため私はその仕掛けを見せてもらおうと思ったが、言葉が通じないのが面倒なため、残念ながら黙っていた。

小さな滝の群れが見えた。そのあたりから釣場だ、と運転手が金作さんの言葉を通訳した。私たち二人の釣師は車をおりた。

私は上衣をセーターに着かえ、ズボンをたくし上げて草履ばきになった。その間に、金作さんは私の餌箱にミミズを入れ、素早く竿をつないで籠を背負った。私と同じく勢い込んでいるように見えた。金作さんはブナの大枝の下をくぐりぬけ、崖に露出した木の根を足場に川岸の大岩のてっぺんに飛び移った。とうてい老人とは思われない身がるな動作である。この老釣師は、その大岩のてっぺんから小さな岩に飛びおりると、岩づたいに飛んで行って平たい岩の上にたどりついた。

遊覧バスが警笛を鳴らして通りすぎ、川下の方にくだって行った。私は足場のいいところを捜しに川上の方に向かって行った。一ヵ所、川沿いの平坦な土地に、一面に羊歯《しだ》が生え、ブナやカツラの木や、山モミジなど、大木の生えているところがあった。私はその大木の森を通りぬけ、淵に突き出している大きな岩の上に出た。私は撒餌《まきえ》のミミズを一ぴき放りこんだ後、岩の水際とすれすれのところを狙って慎重に振り込んだ。途端に手応えがあった。私の胸は動悸をうちだした。

「ばらした。」

思わず私は舌打ちをした。一尺ちかいやつであったろう。

テグスと道糸のつなぎ目が切れていた。胸の動悸がまだおさまらないで、テグスを結ぶ手が震え、腕を岩角に倚託《いたく》しても結びにくかった。私は動悸がおさまるまで一ぷくすることにして、岩の上に坐りこんで煙草をつけた。

ふと背後から金作さんが声をかけた。その言葉は大体のところ「お前さん、釣ったか、釣らなかったか？　俺はまだ一ぴきも釣らない。きょうは、ヤマセで駄目だ。」というような意味らしかった。もしかしたら「俺は、いつもこの釣場で、必ず大きなやつを釣りあげる。この釣場には大きなやつがいるはずだ。ヤマセなんか問題でない。」というような意味であったかもわからない。

私はそのいずれの問いに対しても向くように「いま一ぴき釣り落した。」といった。

金作さんは、私に頻《しき》りに話しかけ「俺のいうことが、わかるか、わからないか？」という意味のことをいった。「大事なところだけ、さっぱりわからない。」と答えると、金作さんは、がっかりした風で川上に行った。私はそこの釣場でかなり辛抱してみたが、どうも調子がよくないので、思いきって五丁も六丁も川上に移動した。そのあたりには、小さな滝がところどころにあった。私は餌をスズコに変えてみたが、どうも駄目なようであった。そこで、また移動して、ブナの森を通りぬけて川上に出ると、大きな滝を前にして金作さんが釣っていた。かねて私も写真で見て、子《ね》の口《くち》の滝と名を覚えていた大滝である。高さ三十尺ぐらい、幅はその三倍ぐらいもある。ダムの水門のように整然として、莫大な水量でもって崩れ落ち、真白な懸崖をつくっている。しぶきが絶えず吹きつけて来て、たびたび眼鏡のたまを拭きなおす必要があった。

「すごい、すごい。堂々たる滝だ。ここから、もうすぐ十和田湖だろう?」

物凄《ものすご》い滝の音で、私の大きな声も金作さんにきこえなかった。

この滝の左手に、枝川から流れ落ちる小さな滝がある。私は金作さんと並んでこの滝壺で釣ってみたが、やがて無言のままお互に竿じまいにした。二人は土崩れのする崖を這《は》いあがって、バス道路に出ると、右と左に別れることにした。金作さんは歩いて焼山に引返すのである。

「どうも有難う、お大事に。」

「すづがに、おであれ、気つけで、おであれ。」

お互に帽子をぬいでお辞儀して別れた。

吉井川

野田知佑

水の上で水に渇く

津山市内を流れる吉井川の川原に車を乗り入れる。川をのぞきこんだ佐藤さんとぼくはチキショーと叫んだ。

細々と流れる川の表面には川底から浮き上った褐色の苔《こけ》が漂い、汚水菌でヌルヌルした川床の石、その横から真黒い下水の小川が流れこんでいる。

東京を発つ前、津山に行ったことのある人物に吉井川のことを尋ねてみたのだ。

「すごくきれいな川だった」という返事で、われわれはそのつもりで来たのだった。

考えてみれば、そいつは東京育ちの人間だ。東京者《もん》はいつも多摩川や隅田川を見て生活しているから、こと川に関しては白痴的な判断力しか持てず、どんなひどい川を見ても馬鹿の一つ覚えで「スッゴクきれい」としかいえないのである。

「こんな川ダメだな」

「ひどいね。駅の前の看板には〈人情と清流の町、津山〉と書いてあったぞ。おれは帰りたくなった」

津山は古い城下町で、昔は山陰と山陽を結ぶ交通の要衝として栄えた岡山の内陸部では最大の町だ。武家屋敷などが残っていて、陸の上は結構なのだが、川をこう無神経に汚しているのは情ない。川あっての津山ではないか。吉井川があるから津山は立派に見えるのである。

一年で最も川の水の少ない時なので、人口八万の都市の生下水がそっくり入ると、川は多摩川の如く救いがなくなる。上流の都市は下流に責任があるのではなかろうか。

一日目（柵原《やなはら》―稲時《いなまき》10㎞）「イイ川」「ワルイ川」の単純な判定法

津山ではフネを漕《こ》ぐだけの深さがないので川に沿って佐藤さんの車で下った。

吉井川は西日本では琵琶湖に次いで魚の種類の多いところだときいていたので、毎晩川原で酒池肉林（肉は魚肉）の宴を開こうと、刺し網や素潜り用具一式、調味料などを用意してきたのだが、あの下水を見たあとでは川に潜ったり、魚を獲《と》ったりする気はなくなった。

佐藤さんにもぼくにも、川は眺めるものではなくて、とびこむもの、泳ぐもの、潜って魚をふん摑《づか》まえるものである、という確固たる思想がある。そういう気持が起らない川は「ダメな川」

「汚ない川」、その気になる川は「イイ川」「きれいな川」という単純な判定法を持っている。

吉井川は津山を出ると低い山の間をぬって流れる。人家がほとんど無いまわりの山や川の土手は美しかった。


「津山の下水さえちゃんと処理すればまあ良い川だよな」

「惜しいね。環境はこんなに良いのにね」

吉井川は中国山地の恩原《おんばら》高原に源を発し、全長一三六km、岡山市の東部で瀬戸内海に出る。水量が余りなく、フネが漕行《そうこう》できるのは河口から四五km上った柵原あたりからである。

柵原は硫化鉄の鉱石を産出する鉱山の町だ。この先の河原屋の堰下《せきした》でフネの組み立て。

今回乗るのはフジタカヌーの二人艇だ。

「最近、二人艇を使うことが多いね」

「これだと女の子を乗せられるだろ」

「クレイジー・ジョーの真似もできるしね」

「あれを是非やりたい」

数年前、或る雑誌の取材で彼とタヒチに行ったことがある。タヒチから飛行機で一時間行った距離にあるボラボラ島という現代の天国のようなところで、ぼくたちはクレイジー・ジョーと呼ばれている男と知り合ったのだ。

年齢は五〇歳前後。カリフォルニアの大金持の息子で、豪華なヨットでやって来て、島に住みつき、島の女の子を片っぱしからヨットにさらっていた。

ジョーがアメリカの両親に仕送りの金の増額を要求して拒否された時、彼は島で一番醜悪な老女を連れてアメリカに行き、もし俺のいうことをきかなければこの女と結婚する、と脅迫した。仰天した両親は泣く泣くジョーの要求を飲んだ。その話は島民で知らない者はない程で、彼は生きながら半分伝説的な男になっていた。ジョーは何日か女とヨットで過し、飽きるとフネの上からポイと女を海に放りこんで棄てるので有名であった。

ヨットは無理だからせめてカヌーの上からそいつをやってみたいものである。

ここで一旦、佐藤さんと別れる。彼はあと二日間この流域を車で往き来する。フネの撮影はぼくを見つけた時に適時、ということにした。

川原の石は鉱山から流れ出るもので赤く染まっていた。上流の津山の汚れは、ここまで流れてくる途中でかなり浄化されている。

九月初旬の山陽はまだ夏であった。

照りつける陽の下で川は煮えたぎり、岸の草は灼《や》けていた。風もなく、ムッとした熱気の中を漕ぐ。

これがきれいな川であれば、わざとフネをくるりと転覆させ、しばらく体を水中に浸《つ》けて息が続かなくなったらエスキモーロールで起き上る、といった涼み方があるのだが、この川ではダメだ。

一時間漕いで、この川最大の支流、吉井川の合流点、周匝《すさい》で上陸。火の見やぐらがあり、道の真中で犬が舌を出して寝ていた。

ふた抱えもある大きなクスの木が数本天を覆い、冷えびえとした木蔭を作っているお宮の境内に入って昼寝をする。

吉井川の舟運が盛んだった頃、周匝は川港として栄えた。支流の吉井川にも上流の林野まで舟が上っていたので、この町は大いに賑《にぎ》わった。

大きな川の舟運では上流と下流では舟の大きさが違う。周匝は吉井川の舟替え地点で、ここで荷を積み替えた。ここから上流を航行する高瀬舟は長さ一一m、幅六五cm。ここより下流を往来する舟は長さは一三mと余り変りはないが、舟幅は三倍の一八〇cmのものであった。

吉井川の舟運は古く、中世に遡《さかのぼ》る。十七世紀初め、角倉了以《すみのくらりょうい》がこの川を上下する高瀬舟を見て、

「このように川を掘り、このように舟を操れば、どんな川にも舟が通せる」

と大いに感ずるところがあって、さっそく吉井川の船大工や船頭を連れて京都に帰った。彼は大堰《おおい》川（保津《ほづ》川）の掘削をして、丹波―京都間の舟運を興し、その後次々と富士川や天竜川を掘って「舟道」を作り、河川交通を盛んにした。吉井川は近世の川運の先駆者的な存在だったので

ある。

当時の川舟は原始的な帆をつけていた。川を下る時は流れにまかせ、上る時に使った。川沿いの村々では舟を曳《ひ》く川人足が待機していて、上り舟が来ると一隻に三人がついた。急流にさしかかると、船首にあけた「瀬持ち穴」に丸太を突っこみ、それに肩を当てて押すのである。四つ這《ば》いになるくらい前傾して、肩のロープを曳く川人足たちに長生きするものはいなかったといわれる。苛《か》酷《こく》な重労働が寿命を縮めたのであろう。

昭和の初め、鉄道が川沿いにできて、吉井川の舟運は消滅した。

夕方、涼しくなってフネを出す。三km漕ぎ、稲蒔の広い川原に上陸してテントを張った。稲蒔は筆軸で知られたところだ。日本の筆軸の八割以上がここで生産される。農閑期になると短く切った笹竹が川原いっぱいに乾燥のため拡げられる。

部落を歩いた。「ヒラメあります」という看板。海魚のヒラメではなく、山陰の方言でヤマメのことだ。道の向うからハモニカを吹きながらやって来た少年が、帽子をとってぼくに「帰りました」と大声でいった。この挨拶の文句も山陰のものだ。

津山では山陰の倉吉市のナンバーをつけた車が多かったが、吉井川は中流までは山陽と山陰が競合しているのであろう。

日が落ちると、テントは嵐のような虫の音の中に包まれる。川向うの山すそを片上鉄道の小さな電車が走る。車窓の明りが川面に映り、それがゆるゆると動いた。

二日目（稲蒔―和気《わけ》16㎞）コウモリ傘を広げて帆走

岡山県人は「三大河川」という言葉をよく口にする。県内を流れる旭川、高梁《たかはし》川、吉井川のことで、三つの川はだいたい同じ大きさ、長さを持つ。

吉井川は三つの川の中では最も勾配《こうばい》がゆるやかで、川の難易度《グレード》でいえば一級だ。その吉井川が一ヵ所だけ荒れる場所がある。

「苦木《にがき》の瀬」と呼ばれるところで、急傾斜した流れがクランク状に曲ったカーブだ。増水期には三級になる瀬で、カーブした流れがすぐに岩壁に正面からぶつかっている。カヌーにとっては何でもない瀬だが、荷を満載した大型の高瀬舟は難儀したらしい。曲りきれずに岩壁に衝突して積み荷を失くすことが多かったので、その横の岸を掘って「船通し」を作ってある。石積みの舟道は少し石がくずれかけているが、今でも立派に通用する。そこを通り抜けた。

ここから先は流れにまかせて漕がず、川上から風が吹くとコウモリ傘を広げて帆走した。

小さな傘だが、時速六kmぐらいのスピードが出る。

吉井川は大昔から人間によって完全に飼い馴らされた、自然度の少ない川だ。男の冒険心やロマンチシズムを満足させる痛烈なものがない。心を湧《わ》きたたせるものが何もない。長良《ながら》川や四万十《しまんと》川上流のように転覆して岩に頭をぶっつけたり、記憶喪失になったりする心配はないかわりに、安全を百パーセント約束された川旅の退屈さを我慢しなければならない。

吉井川は源流部に小さな八つの発電所があり、川は何度もダムで堰《せ》き止められダム下はしばらく水無川となる。発電機のタービンを回した川の水は再び一、二kmおきに作られた堰で田に水を取られ、中流以後は四つの大堰で水を抜かれ、散々人間に酷使され、くたびれ切って海に出る。

やがて堰堤。土地の人は「田原の井堰《いぜき》」と呼ぶ。この川で現在、唯一つ残った旧式の石積みのものだ。現在、すぐ下に鉄扉を使った新しい堰を建設中なので、これも近いうちに消える運命にある。

田原の井堰は約三〇〇年前に三〇年の歳月をかけて作られたものだ。

流れの水圧に耐えるように大石を八〇mの幅に敷きつめ、五五〇mの長さで川を斜めに堰き止めている。これに使用された石は約六万二〇〇〇個。石は畳一畳の大きさである。左岸の端に舟を通すために堰を切って舟道があるが、水位が低くて通れない。

フネを降りて、堰の真中を強行突破する。

三〇〇年の歳月を経て、さすがに石組みもゆるみ、洪水時に流された石もあり、ところどころにぽっかりと穴があいていた。石の隙き間の中で胸まで水に浸ったり、つるつる滑る石の上で尻もちをついたりしながら、フネを曳いたり、押したりする。なだらかなスロープになった八〇m幅の石堰を越すのに一時間かかった。

再びフネを流れに乗せる。

吉井川を行く時、川の上に居ながらいつも「水」への渇きがあった。清冽《せいれつ》な、冷たい水に対する渇きだ。砂漠の真中にいるのと変りはない。

支流があると流れこみにいそいそと漕ぎ寄った。しかし、どの支流も期待を裏切って、生暖かく、或いは熱湯の如くなり、汚れていた。

空き罐《かん》やプラスチックのゴミ。家庭排水のすえた臭い。そして洗剤の白い白い泡《あわ》。

五万分の一の地図を見ると「なるほど」と納得がいく。小さな支流の源流、山の頂上まで人家が点々と連なっているのである。

「山陽は山のてっぺんまで人が住んどる」と山陰の人はびっくりしていう。寒さの厳しい山陰と違って、暖かい山陽はどんなところにも人が住めるのだ。

この流域には「駆け落ち者《もん》は津山に行け」という言葉がある。気候温暖で、ものなりの良い吉井川流域は大昔から暮しやすかったのであろう。古代の遺跡の多いことでもそのことが想像できる。内陸部では一番大きな町の津山は隠れやすく、暮しやすいので、故郷に居られなくなった人たちの絶好の逃避先だったに違いない。

和気で上陸。金剛《こんごう》川の流れこみは町の下水の悪臭が強いので、対岸に移る。

川っぷちの食堂に入った。アユの煮つけでビールを飲んでいると隣のテーブルで、

「さっき、カヌーでスイスイ川を下って行きよったが、カッコええのう」

と話している。

それはおれです。へえ、あんただったんかな。というやりとりがあって、まあまあとビールを注ぎ合う。

暗くなって川に戻ると、テントの前でバシャバシャと水を叩く音がしていた。「火振《ひぶ》り漁」である。

長さ四〇m、高さ一m余りの刺し網を川に斜めに張り、カーバイトを入れたガス燈を振り、棒で水面を叩いてアユを網に追いこんでいる。場所を変えて、二、三度やったが、かかるのはナマズとニゴイだけで、アユは一匹もなし。

「変だのう。去年はここで三〇〇匹獲ったんじゃが」

びしょ濡れの男たちが頭をひねっている。折角、町内野球の練習をサボって来たのになといい、

（昨今の田舎では夜間照明つきのグランドをたいていの町村が持っている）彼等はぼくに飲みにイコ、イコと誘った。

川原に駐《と》めたトラックにエンジンをかけ、「乗られい！」という。トラックが止ったのはさっき出て来たばかりのメシ屋で、三〇分前にサヨナラといった男たちが呆《あき》れている。この時間、この近くで飲めるのはこの店だけなのである。

さすがに恥かしいので、ぼくは「ドーモ、ドーモ」といいつつ、まわりの連中のコップにビールを注いでばかりいた。

三日目（和気に停泊）　投網打ちの老人の家へもらい風呂に

快晴。バッタがキチキチと音をたてて飛び交い、川風が気持良い。

日曜日なので、早朝から釣り師が多い。

今年の吉井川のアユは不漁だ。漁協の発表によれば、ここ数年では最大量のアユを放流した（二トン）そうだが、釣り師のビクはどれも淋しい。アユの姿を全然見かけないんだという。

或る人は今年の春先の寒波のせいだ、といった。別の人は今年は雨が少なかったので川の水が太陽で熱くなり過ぎて、アユは水の冷たい深みに入ってしまったのだ、といった。

放流量に関係なく、アユというのは一年おきに豊漁と不漁をくり返すものである、と主張する人もいた。県内の旭川や高梁川も今年は不漁だそうだ。

ぼくがテントを張った場所はこのあたりでは唯一の釣り場の前だった。広い川原の中を早瀬がＳの字に流れている。アユを釣るなら上下数キロの川原の中でここしかない。川への出入口にテントがあるので、釣り師はみなぼくの前を挨拶して通った。それでぼくは検査役のようになり、どれどれと一人一人のビクをのぞいたが、ほとんどボウズだ。たまに一匹。この日最も多い人で三匹だった。

吉井川のアユ釣りは友釣りはなく、コロガシだけだ。ここでは「ドボンコ」と呼ぶ。

アユ釣りには「竿先八間《さおさきはちけん》の仁義」といった不文律があって、先に川に入っている釣り師の竿先から八間（約一四ｍ）以内に入ってはいけないことになっている。もっとも、これは長い郡上竿《ぐじょうざお》を振り回す長良川上流の場合で、川によってこの数字は違う。

人間の多い関東の川ではどうしても釣り師の間隔が狭くなり、ひどいところでは二、三ｍの間隔で立ち並び、ケンカばかりしている。いつか会った多摩川の釣り師は交通費、オトリのアユ代、入漁料が〇〇円かかったから、元を取るまで帰らない、とアユの原価計算をして、血相を変えて釣っていたが、その点、吉井川はのんびりしていた。

東京の川なら三〇人は入るだろうと思われる瀬に、五人が充分に場所をとって竿を振り、あとで来た人はうしろの土手に車をとめて見ている。一人が釣りをやめて上ると、次の人がそのあとに行儀よく入る。

「もういいかーい？」

という古典的な遊びの声がきこえるのは、順番を待つ人が子供と川原の草むらで隠れん坊をしているのだ。

これまで、ぼくは良い川を見過ぎたのかも知れない。今回の川旅はコーフンすることが皆無で、釣りも、潜りも、泳ぎも全くやる気がしない。だから、実に退屈である。持って来た本もみんな読んでしまった。佐藤さんの置いていったオセロゲームを一人でやるが、これもいつもおれが勝つのでつまらない。

バッタの足やコオロギの羽根をちぎったりしていると、うしろの土手で野焼きを始めた。半分枯れた草がカンカン照りの下で勢いよく燃え上る。「台湾で　山火事のある　暑さかな」という句を想い出しつつ逃げる。

丸めたウレタンマットを夜鷹《よたか》風に小脇に抱え、日陰を求めてうろうろ。

橋の下で寝ていると、一人の釣り師が、

「今年は獲れん。あかん。おえんのう」

とぼやきながらやって来た。

この人はきのうの夕方と真夜中、そして今朝早く、と川に来ていて、顔馴染だ。

「釣れないと判ってるが矢張り川に来てしまう人」で、来る度に、アユを入れるクーラーの中に持って来る罐ビールが多くなっている。

彼はビールを取り出してぼくにすすめ、この二、三年実験中のアユ釣りの「秘法」を教えてくれた。

精液で腹の大きくなったオンタ（オス）のアユを川に何匹か埋める。その匂いで下りアユのメスが沢山《ぼっこう》集まってくる。それをひっかける。埋めたアユの効果は二週間ぐらい続くそうだ。

昨年、この川原でラジコンの飛行機を飛ばしていた大学生が川に落ちて死んだ。

「しかし、ここは落ちて死ぬような川じゃないでしょう。急流や渦がある訳じゃないし、犬かきでも対岸に渡れる」

「いや、それが心臓麻痺《まひ》じゃや。ショック死でな」

プールでしか泳いだことのない人間が増えるにつれて、川にはまって、溺《おぼ》れるのではなく、恐怖、驚愕《きょうがく》の余りショック死する人が増えているようだ。

夕方、投網を打ちに来た老人がいた。手なれた網さばきと腰つきで流れの中に何度も打ちこむ。が、ニゴイだけでアユは入らない。

「オヤジさん、ぼくにちょっと打たせて下さい」

「こりゃ大きい網じゃ。難しいよ」

広げると十畳大の網である。アユ用に沈みを速くするためにおもりを追加してあり、一〇kgぐらいの重量がある。左右均等に分けた網を四〇cmほど離した両手に持ち、左脇の下から（右利きの場合）後方に振り上げた網が反動で返ってくるのをそのまま前方に投げるのが普通の打ち方だ。

「肥後流の打ち方を見せて上げます」

肥後流とは、郷里の熊本でやっている打ち方で、さばいた網を握った両の拳《こぶし》を胸の前で合せ、体を一回転して投げる。網は遠心力で丸く広がって、飛んでいく。とても見栄えのする、カッコいい投げ方なのである。

網がうまく開くと、爺さんはパチパチと手を叩いた。次に、普通の打ち方でカヌーの上から投げて見せる。

「徒歩打ち三年、舟打ち五年」といわれ、舟から打つのは少し難しい。安定の悪いカヌーの上から、座ったままの姿勢で打つのはもっと難しいが、ぼくは天才なのだ。

流れのない深いところで二、三回打つと、アユが一〇匹ほど入ってきた。

「矢っ張り、いることはいるんじゃな」

爺さんはホクホクしている。どれも二五cm前後のサンマのように幅の広いアユで、二二〇〜二五〇gはある。ちなみに都会の料理屋でわれわれが口にするアユは八〇g前後の養殖ものである。

「家《うち》に来られい」

と爺さんは高らかにいった。

顔も体もずっと洗ってないので、ぼくの体は異臭がする。

「風呂に入れてくれますか?」

「よしよし」


四日目（和気—西大寺《さいだいじ》20㎞）　秋の気配はまず水の上に来る

夜半から風が出た。頭上の梢《こずえ》が心細い唸《うな》り声をあげ、川原の砂利がとび、テントがたわんだ。

そして、一夜明けると吉井川は秋になっていた。

秋はまず水の上に来る。

陽光や空に浮ぶ雲や川をとりまく山の緑にきのうまであった夏の烈しいものが影をひそめ、どことなくやわらかくなっている。潜れば川の底にも秋の気配があるに違いない。

出発。今日も漕がず、傘を出して帆走。のろのろと下る。どうも今回は流れに棹《さお》さすこともせず、流されっぱなしだ。この頃のおれの生活によく似ている。反省しよう。

左岸の山陽線を長い長い貨物列車が行く。「すずめおどし」の爆音が両岸の山ひだや谷間にゴーッとこだまして消えた。

空にいわし雲が浮んでいる。

吉井川流域の地図を見ると、田に水を引くための溜池《ためいけ》が何百とある。もともと、岡山は雨の少ないところなのだ。水の退《ひ》いた吉井川を高下駄で対岸に渡った、という話をよくきく。岡山にモモやブドウ等の果樹が多いのは、それらの果樹が乾いた土地に適しているからだ。「竜」(龍)の字のついた山が多い。ちょっと見ただけで「竜王山」という名の山が六つある。竜は雲を呼び雨を降らす、というのでこの名をつけたものだろう。「雨乞山」「雨降山」という山もある。

水の少ない吉井川から少しでも多くの水を取るために、大堰では舟通しの水路まで丸太とムシロで堰き止めていた。水路は日に一回だけあけて舟を通した。堰から用水に引いた水を水田に公平に分けるために、専門の係を何人か置いていたが、それでも水争いは絶えなかったらしい。かつて農民が血眼になって我田引水を争った用水の水は、現在、ビール会社に売られている。田が少なくなったので、水が余るのだ。備前長船《おさふね》の刀剣で知られた長船の堰を越える。

「ポチャン」と音がして、目の前の浅瀬にゴルフボールが落ちてきた。見ると川べりにゴルフ場がある。男がクラブを手にして岸に現われた。

「あのね、悪いけどそのボール拾ってくれない？」

ぼくは日本人のゴルフに関しては偏見を持っており、嫌いなので、拾ってやらないのだ。知らん振りをして無視、無視。


日本の川を行くのは哀《かな》しい。それは失われたものへの挽歌《ばんか》を聴く旅だ。どこの川に行っても「昔はこんなものじゃなかった。もっと美しかった」という嘆きの声を耳にする。

どこかに一つくらい「昔よりきれいになった」という川はないものか。

過疎地域を流れる川を下る時、ひそかに期待していくが、それでも昔の方が良かった、と地元の人はいう。清流で知られた長良川も、高知の四万十川も例外ではなかった。

人は減ったが、川に出す汚水の量が昔より増えたのである。塩ビの排水パイプやU字溝《こう》の普及で、遥《はる》か離れた山上の家の汚水もそっくり川まで運ばれる。ついこの間まで、日本の田舎ではどこの家にも裏に汚水溜めが掘ってあり、そこで土にしみこませた。いっぱいに溢《あふ》れた汚水は汲《く》みとって畑にまいた。合成洗剤を使う前だったから、それは良い肥料になった。

今ではすべての汚物、汚水は川に流れこむ。

そして、その川は海に流れこむ。

水量、水質、流れ、川からの眺め、その他を考慮に入れてAからEまでの五段階で評価すると、吉井川はCクラスだ。C以下の川は下を向いて漕ぐと憂鬱になるので、なるべく空を見ていく。上を向いて漕ごう。

可愛こちゃんでもいないかと陸を見回すが、目に入るのはお年寄りと子供だけである。

〽寝ろてばよゥ

乳母車に子供を乗せて川岸を歩きながら、婆さんが歌っていた。

〽寝ないのかよゥ

　寝ろてば　寝ないのか

　このガキめ、

　ネンネンヨウ　ネンネンヨウ

川の中の小さな島で一人の釣り師が上機嫌で近寄り、ビクを見せた。やっとアユが姿を見せたという。今年一番の釣果だそうで、二〇cm以上のアユが三〇匹ほど入っていた。

九月の最初の北風が川の上を吹くと、吉井川のアユは産卵のために川を下り始める。

座談の名手ジム・リパイン

西木正明

人と人の出会いは、実に不思議なものだ。大切な用件で会ったのに、用がすんだらそれっきりという相手がいるかと思えば、なにかのついでのように知り合っただけなのに、終生のつきあいに発展する場合もある。

ジム・リパインとのつきあいは、後者である。かれこれ28年も前のことで、出会った場所はアラスカの名川タラチュリトナ川のほとりだった。

本誌の読者ならご存じのむきもあると思うが、タラチュリトナ川は、アラスカ最大の都市アンカレジの東方約100km付近の原野を、西から東に流れる美しい川である。山容が女性の寝姿に似ているところから、スリーピング・レディの別名をもつシストナ山の西麓にある、ジャド湖が水源である。およそ100km東流して、本流のイエトナ川と合流する。

5種類のサーモンがすべて遡上するほか、形のいいレインボートラウトやドリーバーデン、グレーリングなどのゲームフィッシュがたくさん棲息している。

１９７１年夏、わたしは妻および数人の友人たちとともに、タラチュリトナ川の中流から、本流のイエトナ川との合流点までの川下りに挑戦した。たまたま妻が役者だったこともあり、この川下りをあるテレビ局が取材することになった。

わたしたち身内や友人同士だけでの川下りなら、かなりいいかげんな準備でことは足りる。要は途中何カ所かの、難所や急流があるタラチュリトナ川を事故なく下り、それなりの魚が釣れれば文句なしということになる。

身内だけの遊びなら、急流でラフトがひっくりかえってずぶ濡れになり、下着まで脱いで焚き火にあたるはめになっても、酒を飲んで笑ってお終いになる。さらに、よほど運が悪くて魚がロクに釣れないとなっても、それはそれ、である。

しかし、テレビ取材が入るとなると、そうはいかない。総額で数千万円もする機材がダメになってしまうから、とても笑ってなんかいられなくなる。

また、何日もかけて川を下り、魚が一匹も釣れませんでしたでは、番組が成立しない。

というわけで、当初自分たちだけでわいわい下ろうという計画は破棄され、タラチュリトナ川に通じ、なおかつ釣りがうまいガイドを雇おうということになった。古い話なので正確には覚えていないが、たしか東京にあるアラスカ州政府観光事務所を通じて、ガイドの手配をお願いした、と記憶している。

ガイドとの対面は、タラチュリトナ川のスタート地点ということになった。これは異例のことである。ガイド付き釣行の場合、出発する都市で落ち合い、彼らのアドバイスに従ってタックルや装備を整え、現地での注意を受けた後、共に出発するのが普通である。

しかし今回は、

「どうせお前は以前アラスカに住んでいたわけだし、川下りだって何度もやっている。ガイドが必要なのは川の上だけだろうから、現地集合ということで良かろう」

という、いかにもアラスカらしい受け入れ先の理屈で、そういうことになった。

実のところ当時わたしは、アラスカの川ならどこへ行っても魚であふれている、だから、釣りガイドなど開業しても商売にならないだろうと思っていた。専門のフィッシング・ガイドなどいらないのではないかとも思っていた。おそらくトラッパーかハンターで、その地域にくわしい者が、にわかガイドになって登場するのでは、とまで疑っていたのだ。

さて、フロート・プレーンで現地に到着したわれわれを、3人のガイドが河原で出迎えてくれた。真ん中に立っている、痩せて背が高く、茶色い縁の眼鏡をかけた、温厚そうな親父さんが、まず握手を求めてきた。

「マイク・ハーシュバーガーです。これから3日間みなさんのお供をします。どうぞよろしく」

そう礼儀正しく言ったマイクに続いて、彼の右隣に立っている男が挨拶した。こいつは日本風に言えば六尺豊かなマイク・ハーシュバーガーよりも、さらにひとまわり大きい巨漢だった。背が高いだけではなく、身体全体が分厚く、でかい感じだ。髭だらけの顔に柔和な笑みを浮かべ、頭の上には漁師などがよくかぶっているワッチ・キャップをのせていた。

「こんにちわ。ジム・リパインと申します。よろしく」

この男はそう言って、日本風に深々と頭を下げておじぎをした。続いてマイクの左隣に控えていた若い衆が、

「ジャック・セラーです。ぼくはまだアラスカの学生です」

と言って、ジム・リパインと名乗った男をまねてか、ぺこりと頭を下げた。ジャック・セラーはいかにも学生っぽくて、ひとめで素人に毛が生えた程度のアシスタントとわかったが、問題は残りのふたりだった。

見た目にはまったく隙がなく、身のこなしも場馴れしている。

——もしかしてこいつら、ある程度出来るやつらなのかも知れないぞ。

そう思いつつ、とりあえずは目の前に広がっているプールでひと振りしようと、ロッドを繋いだ。支度を終えて、偏光グラスを通して水中をのぞいてみる。

50㎝は軽くありそうな魚が数匹、ゆうゆうとクルージングしているのが見えた。よし、あれだ。そう思って、新調したばかりのシェークスピア8フィート8番ロッドを振った。フライは万能フライとして定評のあるマドラーミノー。

もうもらったも同然という気分で、数回投げた。だが、釣れない。釣れないのはあたりまえで、川幅が思ったよりも広く、フライがポイントまで届いていないのだ。

川幅はおよそ40m程度。魚はその向こう岸から約10mほど手前をクルージングしていた。今にして思えば、どうということもない距離だ。しかし、当時はまだグラファイトロッドが出現しておらず、グラスロッド全盛の時代だった。

わたしのつたないキャスティング技術と、弾性の低いグラスロッドの組み合わせでは、30mの距離をこなすことが出来なかったのである。

そんなわたしを、川下り用のラフトをふくらませながら、じっと見ていたマイク・ハーシュバーガーが、近づいてきて言った。

「もうちょっと遠くまで投げないとだめだ。魚の活性が高いと少しぐらいはずれても食うが、今の季節、この時間帯では、鼻先に落としてやらないと」

と言う。わたしは少々むっとして、

「それはわかっています。しかし、届かないんですよ。手本を示してくれませんか?」

と言った。マイクは苦笑いして、

「いや、手本を示すほど上手じゃないから」

と言ったが、再三のわたしの求めに、では、と言って、わたしのロッドを受け取った。そして無造作に2回ほどフォルス・キャストをしてから、ラインをシュートした。惚れ惚れするほど見事なタイトループが、大気を切り裂いて飛んでいく。そして、わたしが全力投球しても届かなかった対岸近くのポイントに、いとも簡単にフライが落ちた。と思う間もなく水面が割れ、巨大な魚がフライに食いつくのが見えた。

数分後、その魚はわたしたちの足元に横たわり、浅い水の中でエラを動かしていた。50cm程度に見えたのは誤りで、60cmを超す見事なレインボーだった。

「さ、こんどはあなたの番だ。今のファイトで、魚が下流に動いた。50mほど下手の、プールの流れ出しについている。そこを攻めたらいい」

そう言うマイクに、わたしは聞き返した。

「あんなに派手に魚が暴れた後だ。少し場を休めてからのほうが、いいんじゃないの?」

するとマイクがにやりと笑って、下流で荷物の整理をしていたジム・リパインに声をかけた。

「ジム、ちょっとそこでひと振りしてみせてくれないか」

うなずいてジムが立ち上がり、自分のロッドを手にして水際に立った。そして、これもまた無造作に2、3回フォルス・キャストした。マイクと同じようにタイトなループが飛んでいき、プールの流れ出し付近にフライが落ちた。水しぶきがあがり、巨大なマスがフライに食いつく。まるで、先刻のビデオテープを見ているようだった。

わたしは啞然としながら、自分を恥じた。これは後でわかったことだが、マイク・ハーシュバーガーとジム・リパインは、ともにアラスカを代表するフィッシング・ガイドで、その名声はアメリカ本土まで鳴り響いていたのだった。あろうことかわたしたちは、このふたりを独占して川下りをやることになったのである。

ふたりとも、気のいい男だった。性格は対照的で、マイクは寡黙で口数が少なく、いつも淡々としていた。いっぽうのジムはにぎやかな話好きで、川下りの間、焚き火を囲んでいろいろなことをしゃべった。

「俺は、しばらく日本にいたことがある。その間、とてもいい思い出をたくさん作った。俺にとって日本は、第二の故郷のようなものだ」

わたしはジムに、その思い出について話せと催促した。ジムは照れながら、こんなことを言った。

「俺は朝鮮戦争中マリーンコープ（海兵隊）軍楽隊の一員として日本にいた。軍楽隊ではラッパ（トランペット）を吹いていた。三浦半島の秋谷付近で、キャンプ・マクギールという基地にいたんだ。楽しかったぞ、ほんとに。俺は漁師村の一軒家を借り、ミヨという女性と一緒に住んだ。あれはいい女だったよ」

そうかい、そうかい、それは良かったね。わたしはそう冷やかしながらも、初対面の時、ジムが日本風のおじぎをした理由がわかったような気がした。

その後マイク・ハーシュバーガーはしばらくアラスカを離れ、本土で暮らした。そのために彼とは一時連絡が途絶えた。

いっぽうのジム・リパインとは、文字通りの親友になった。その翌年、今は亡き芦澤一洋氏など数名の仲間を誘って、ジムのガイドでアラスカ半島の根元を流れるブランチ川を下った。この時は、川のプールで巨大なレイクトラウトを何匹も釣り、皆で狂喜したものだった。

以後ジムとは、北極圏の大山脈ブルックスレンジから湧出するキリー川で、1m近いアークティック・チャー（北海イワナ）を釣ったり、同じ北極圏のセラウィック川で、ノーザン・ターポンと呼ばれる銀色に輝く巨大魚シーフィッシュを釣るなど、アラスカ各地で無数ともいえる釣行を繰り返してきた。

彼は日本にもしばしばやってきて、東北の山峡や新潟の銀山湖などで、共に日本の山釣りを楽しんだ。

ジム・リパインは、釣りがうまいのは当然として、なかなかの名文家だ。同時に座談の名手でもある。とりわけ、ちょっと軟派がかった笑い話を語らせたら、彼の右に出る者はいないと言っていい。

わたしなど、彼のピンクジョークから、小説やエッセイのネタをいくつも拾わせてもらっている。

その中のひとつに、こういうのがある。

ある年の初夏、アンカレジの郊外にある散歩道を、ジムの友人で、フィッシング・ロッジを何軒も経営している男が、美人のかみさんとふたりで散歩していた。そこで突然藪の中から、白と黒のまだら模様の小動物が飛び出してきた。かみさんは無類の動物好きだったので、あら、かわいいと言って、その動物を抱き上げた。そして頬ずりしながら、

「これ、スカンクでしょう? かわいそうにこんな所にいたんじゃ車に轢かれるか、野犬に襲われるかしてしまうわ。家に連れて帰って飼ってやりましょう」

と言った。その時向こうから、ひとりの男がいきせききって走ってくるのが見えた。かみさんは反射的に抱いていたスカンクをスカートの下に隠した。走ってきた五十がらみの男が、

「すみません、このあたりで白と黒のまだらの動物を見なかったですか?」

と、ふたりに聞いた。答えに詰まった亭主に、かみさんはしきりに、なんとか言ってよと目配せした。そうこうするうちに、窮屈な思いに耐えかねたのか、スカンクが一発ぶっぱなした。猛

烈な悪臭がただよいはじめた。

男が、

「あ、この付近にいるな。奥さん、スカートの中になにか隠しておられますね。もしかしてその中に？」

かみさんの目配せに、亭主があわててこう言った。

「いや、ウチのは臭いがきつくて、いつもこうなんです」

亭主の頬が派手な音をたてた。かみさんが張り飛ばしたのだ。数日後、この夫婦は離婚した――。

この話を聞かされた時、わたしはおかしくて涙が出た。当事者の夫婦も顔見知りなだけに、よけいおかしかった。

ジムは奇妙なほどストイックな部分がある反面、この話でもその一端を垣間見ることが出来るように、あきれるほどの諧謔精神に恵まれている。時には自らの人生をも冗談にして笑い飛ばしてしまいさえする。

彼は現在、南米のチリに本拠地を置き、美人の奥方、ソニア夫人と共にフィッシング・ロッジを経営している。その夫人を評していわく。

「ソニアはきわめて聡明な女性で、これまでの人生において、誤りをおかしたことなど、まずない。たったひとつの大きな誤りは、俺と結婚したことだ」
このせりふに、ジム・リパインの生き方、物の考え方すべてが凝縮されている。

キャンベルリバーのキングサーモン

夢枕獏

今までいろんな状況でキングサーモンと出会ってきたけどね。釣り上げたこともあるし、あと一歩のところで逃げられたこともある。そのひとつひとつが忘れられない思い出になっているね。やはりキングサーモンを釣ることには、他の魚では味わうことのできない感動がありますね。文字通り川魚の王様だと思うな。伊達に「キング」という称号がついているわけじゃない。

誰でも、人生の節目節目にいろいろなイベントを経験し、ときには事件に遭遇しているよね。小学校に入学する。志望校に進学する。卒業する。就職する。恋をする。結婚する。子供が生まれる。場合によっては離婚する。裁判でもめるとか（笑）。交通事故に遭うかもしれないし、勤めていた会社が潰れるかもしれない。それで奮起して自分で事業を起こすかもしれない。

キングサーモンに出会うということは、そういうさまざまな人生上の事件と同列で語れることだと思うんだよ。自分が握っている竿の反対側にキングサーモンがいるということは、それほどの大事件ですよ。

僕が最初にキングサーモンを釣りあげたのは、40代の半ばごろ。場所は北極圏に注ぎ込む川でした。川の名前は忘れてしまいましたね。ユーコン川でないことだけは確かなんだけど、地図を見ても、もう思い出せないと思います。

それ以前も何度かキングサーモンを狙っていたんだけど、ことごとくだめでね。そのときは港に近い場所からボートに乗って、支流を移動しながら竿を握っていたんです。

キングサーモンが掛かった、その瞬間の衝撃は鮮烈でしたよ。そして、そのときの経験で、キングサーモンを狙うにはどうすればいいのかを、会得することができました。まず上流に向かってスピナーを投げて、沈めるだけ沈めて、ほとんど川の流れにまかせるようにしながらゆっくり引いていくんです。

そうした動きを繰り返していたら、ゴゴンッ！　と手応えがあって、それからグ、グーッと引っ張られた。最初の感触は、根がかりに似ていました。だけど、根がかりにしては「生き物の感触」があるんです。そして、ゴゴンときてから、ゴ、ゴ、ゴ、ゴと重低音の響きが伝わってくる。キングサーモンはいきなり走り出すわけじゃないんです。大型トラックというか、重戦車が動き出して、徐々に加速していくような感じです。そして、こちらが引っ張れば引っ張るほど、向こうはそれ以上の力で引っ張り返してくる。

あの感触は「凄い!」の一言に尽きます。魚というより、大型の獣に近い迫力です。僕はファースト・インパクトの瞬間、地球が動き出したのかと思ったほどだったな。

海釣りでも、似たような感触があると思います。海には大きな魚がいろいろいるから、獲物に応じてさまざまな綱引きを楽しむことができる。だけど、川で体験するとまったく違う印象になるんです。特に、川に立ち込んで、足場が悪いところでファイトすると、それはまぁ大変ですよ。

そのときは、他にもジャックなんかがたくさん釣れたけど、キングサーモンを上げたのはその1匹だけでした。一緒に行った仲間には全然掛からなくて、ちょっとかわいそうでしたけどね。

自分で釣り上げるまでは、他の人の感想をいろいろ聞かされているわけですよ。「あれは1匹釣れば十分満足」という人もいる。「あんなでかいのを釣るより、日本人には、日本の渓流でイワナを釣るのが一番似合っているよ」という人もいました。そういうものなのかな、とも思っていたんだけど、自分で実際に釣ってみないことには何ともいえないですからね。

僕の意見としては、キングサーモンには習慣性がありますね。一度釣ると、また会いたくなる。どんな魚でもまた会いたくなるんだけど、キングサーモンはその誘惑度がはるかに強いですね。

カナダ・ブリティッシュコロンビア州のキャンベルリバーで、陸からキングサーモンを掛けたときの手応えは別格でした。前にも何度か、陸からキングサーモンを釣ったことはあるんです。しかしそれは、上流へ1000キロ以上の場所で釣ったかなり体力が衰えてヨレヨレのキングサーモンでしたからね。今日ほど活きのいいのを陸から掛けたのは初めてでした。

陸で掛けるのと、船の上から掛けるのでは、手に伝わってくる迫力や、パニック度が全然違います。船の上なら、一度掛けてしまえば、あとは何百メートルでも何キロでも船で下りながらキングサーモンが疲れるのを待つことができる。こちらの方が絶対有利なんです。ところが陸では足場が限定されているから、向こうの泳ぎに合わせて何キロも走ることができない。移動できる空間が限られているわけだから、必ずどこかで踏みとどまって対決しなければならない。

だから、キングサーモンが掛かった瞬間から心が乱れるんです。すぐに下流の方に目をやって、見当をつけなければならない。「あそこまでなら移動できる。だけどそこから先には行けない。だったらどの場所で勝負に出るか」。そういうことをパパッと計算するわけです。向こうはこちらの計算や予測を越えた動きをしてきますからね。

今日も、まさにそういう感じでした。掛かった瞬間に勝負の行方をシミュレーションしたんだけど、キングサーモンのパワーに負けてしまった。考えていたことの半分もさせてもらえなかった。掛かってから100メートル以上下って勝負したんだけど、相手の方がまさった。戻って歩いてくるとき、手足が震えたもの。寒かったし、足場は苔で滑るし、筋肉には乳酸がたまっているし。いろんな意味で打ちひしがれてもどってくる。

僕が今まで釣った一番大きなキングサーモンは50ポンドでした。アラスカで、手漕ぎボートに乗って釣ったんです。あのときは、それまでの自分の人生すべてを賭けて闘いましたよ。「釣り」というより「闘い」というのがふさわしかった。

生きていると、辛いことや苦しいこともたくさん経験してくるわけだけれど、そういう人生経験の引き出しが豊富な人ほど、キングサーモンと対決するときに強いと思いますね。掛けるまでは、いろんなテクニックも必要なんだけど、一度掛かって1対1の闘いになったら、そこから先はテクニックではない。自分の存在すべてを賭けて、真っ向から勝負を挑まなければならない。ちょっとでも弱みを見せたら、負けそうになるんですから。引っ張り合っているうちに腕の筋肉はパンパンになってくる。足腰もガクガクしてくる。闘いが長引くと、ついつい「もうこれでいいか」と思いそうになるんです。50ポンドクラスになるとパワーも桁外れだから、長時間闘っていると「もう勘弁してちょうだい」とお願いしたくなりますよ。あるいは、「ここまで粘って闘ったんだから、もうリードが切れてもいい」と思う。キングサーモンと闘うということは、そういう自分の心に芽生える弱さとも闘うことなんです。

熾烈な闘いを経て、手元に寄せてくると、それはそれで不安になるんです。今まで何度も途中で切られる経験をしているから、「今回もまた逃げられるんじゃないかな、本当に大丈夫かな」

という、ネガティブなイメージが何度も頭をよぎる。そうした不安感とも闘わなければならないんです。

そういうパニック度・心の振幅度が、他の魚に比べてキングサーモンは群を抜いて大きいですね。そもそも、釣りの醍醐味はパニックになれるところにあると、僕は思っているんです。だから釣りは、あまりにも上手になり過ぎると面白くないかもしれない。「次はこうなる、その次はこうなる、もし魚が暴れたらこう対処すればいい、はいできました」というように、何もかも自分の予想の範囲内で収まってしまったら、ワクワクするものがなくなってしまうでしょう。

僕は長年、作家の仕事を続けてきて、創作上のことにはだいたい見当がつくようになりました。「残された時間はあと何時間。それまでにあと何枚書ける。その枚数で、ストーリーはここまで進められる。だから、次回の出だしはこんなふうにしよう」と、先の先の先くらいまでは読めるんです。若い頃のひたむきさが薄らいで、すれっからしになり始めてますからね（笑）

キングサーモンと闘うと、そういう過去の経験値をことごとく裏切ってくれます。こちらの予測とか、思い上がった自信を、木っ端微塵に打ち砕いてくれる。自分がいままで蓄積してきた知識やイメージが、実はたいしたものではなかったことをいやというほど思い知らされる。なぜなら、キングサーモンは自分の想像力をはるかに上回った反撃をしてくるんですから。その、裏切られる快感というのかな。打ちのめされて、「また修業して出直してきます」という感じが、実は一番楽しいんですよ。

釣れないときでも竿を振り続けるということも、自分との闘いですよね。竿を振らないことには何も始まらないんですから。どんなに疲れていても、川にいる魚が見えなくても、そんなことでめげるわけにはいかない。本当に釣れるのかどうか考えると気が遠くなることもある。それでも、竿を振り続ける以外ないんです。

もし魚がワーッと姿を見せてくれたら、そこから先はイマジネーションの闘いになります。こちらから水の中は見えないわけだけれど、「きっとあのポイントに魚がいるに違いない」と読む。そして、自分が投げたフライが水中でどう流れ、どうドリフトしているのか、イメージとして描いていく。僕の経験では、ただ漫然と投げているより、自分なりのイメージを描いたときの方が、掛かる確率は高いですね。

キングサーモンを人間に例えるとしたら、手ごわいライバルということになるでしょうね。いつかは決着をつけなければならない永遠のライバルです。

だから竿を振っているときは、安らぎはないですね。安らぎを感じるのは、すべてが終わって眠るときでしょう。それも釣れた日だけでね。釣れなかった夜は、「くそー、明日はこうしてやろう」と、闘いの残り火が燻っているから安らげないですよ。

女の子を口説くときは、善くも悪くも嘘が混じるでしょう。かっこうをつけて自分を実物以上によく見せようとすることもある。相手の歓心を買うために、かなり無理をしたりする。相手が喜びそうなことをいうこともある。そんなふうに、どこかフィクションが入るんです。

しかしキングサーモンとの闘いにはフィクションがない。自分の能力でできうる、リアルなものを積み重ねることで、はじめて釣れる。すべてがリアルなんです。そこが大きく違います。

女の子を口説くときは、リアルな直球勝負ではだめでしょう。「やらせてください」とか、大直球勝負をしたら、それで終わりになってしまう。そういう気持ちを隠しながら、あるいはオブラートに包んで小出しにしながら、駆け引きしなければならないわけですからね。

釣りは、リアリティの闘いであると同時に、未知の世界の扉を開く魔法の鍵でもあると思います。キングサーモンが掛かった瞬間というのは、「非日常」以外の何ものでもありません。そしてパニックに陥りながら、今まで知らなかった新たな経験を積んでいくんです。もし大物が掛かってもパニックにならなくなってしまったら、釣りという行為に飽きてしまうと思います。珍しい風景を見たいだけなら、家でテレビを見ていれば済むわけですからね。

釣り人は仕掛けに凝って、ああでもない、こうでもないといろんな工夫をしますが、キングサーモンのような強敵と闘うと、必ずシステムの一番弱いところに無理が出ます。だいたい、リールかラインをやられる。今日も、ドラグはちょうどよかったんだけど、ループの先のところで切れてしまった。闘っているうちに擦り切れてしまったのかな？　ドラグを締め過ぎても切れるしね。

海釣りと同じ道具なら、絶対切れないでしょう？　どんなにいじきたないと思われようと、1回、絶対切れないシステムでキングサーモンと闘ってみたいなぁ。引っ張って、緩めて、ポンピングを繰り返していれば、絶対寄せられるでしょう。そういうことを考えたくなっちゃう。今日逸したキングサーモンは惜しかったな……掛かったとき「これはいける！」と思ったんですけどね（笑）……

だけどこんなふうに、釣り逃した魚の大きさに溜め息をつくことも、釣りの面白さの一部なんですよね。逃げた魚に心残りがあるから、また挑みたいと思う。大物はバショウカジキも釣ったけど、もう1回出かけるならやっぱりキングサーモンに会いに行きたいかなあ。

僕も最近ようやく、負け惜しみなしで「釣れない釣りも楽しい」といえるようになってきました。すべてが自分の思い通りにはならない。そこに醍醐味があると実感できるようになりましたね。

（聞き書き・遠藤昇）

蘆《ろ》声《せい》

幸田露伴

今を距《さ》ること三十余年も前の事であった。

今において回顧すれば、その頃の自分は十二分の幸福というほどではなくとも、少くも安康《あんこう》の生活に浸《ひた》って、朝夕《ちょうせき》を心にかかる雲もなくすがすがしく送っていたのであった。

心身共《とも》に生気に充ちていたのであったから、毎日々々の朝を、まだ薄靄《うすもや》が村の田の面《も》や畔《くろ》の樹《き》の梢《こずえ》を籠《こ》めているほどの夙《はや》さに起出《おきで》て、そして九時か九時半かという頃までには、もう一家の生活を支えるための仕事は終えてしまって、それから後はおちついた寛《ゆる》やかな気分で、読書や研究に従事し、あるいは訪客に接して談論したり、午後の倦《う》んだ時分には、そこらを散策したりしたものであった。

川添いの地にいたので、何時《いつ》となく釣魚《ちょうぎょ》の趣味を合点《がてん》した。何事でも覚えたてというものは、それに心の惹かれることの強いものである。丁度《ちょうど》その頃一竿《いっかん》を手にして長流に対する味を覚えてから一年かそこらであったので、毎日のように中川《なかがわ》べりへ出かけた。中川沿岸も今でこそ各種の工場の煙突や建物なども見え、人の往来《ゆきき》も繁く人家も多くなっているが、その時分は隅田川《すみだがわ》沿いの寺島《てらじま》や隅田《すみだ》の村々でさえさほどに賑《にぎ》やかではなくて、長閑《のどか》な別荘地的の光景を存していたのだから、まして中川沿い、しかも平井橋《ひらいばし》から上《かみ》の、奥戸《おくど》、立石《たていし》なんどというあたりは、まことに閑寂《かんじゃく》なもので、水ただ緩《ゆる》やかに流れ、雲ただ静かに屯《たむろ》しているのみで、黄茅白蘆《こうぼうはくろ》の洲渚《しゅうしょ》、時に水禽《すいきん》の影を看《み》るに過ぎぬというようなことであった。釣《つり》も釣でおもしろいが、自分はその平野の中の緩い流れの附近の、平凡といえば平凡だが、何ら特異のことのない和易《わい》安閑たる景色を好もしく感じて、そうして自然に抱《いだ》かれて幾時間を過すのを、東京のがやがやした綺羅《きら》びやかな境界《きょうがい》に神経を消耗《しょうこう》させながら享受する歓楽などよりも遥《はるか》に嬉《うれ》しいことと思っていた。そしてまた実際において、そういう中川べりに遊行《ゆぎょう》したり寝転んだりして魚《うお》を釣ったり、魚の来ぬ時は拙《せつ》な歌の一句半句でも釣り得てから帰って、美しい甘《うま》い軽微の疲労から誘われる淡い清らな夢に入ることが、翌朝のすがすがしい眼覚めといきいきした力とになることを、自然不言不語《ふげんふご》に悟らされていた。

丁度秋の彼岸《ひがん》の少し前頃のことだと覚えている。その時分毎日のように午後の二時半頃から家を出《い》でては、中川べりの西袋《にしぶくろ》というところへ遊びに出かけた。西袋も今はその辺に肥料会社などの建物が見えるようになり、川の流れのさまも土地の様子も大《おおい》に変化したが、その頃はあたりに何があるでもない江戸がたの一曲《いちきょくわん》湾なのであった。中川は四十《しじゅうく》九曲《まが》りといわれるほど蜿蜒《えんえん》屈曲して流れる川で、西袋は丁度西の方、即ち江戸の方面へ屈曲し込んで、それからまた東の方へ転じながら南へ行くところで、西へ入って袋の如くになっているから西袋という称《しょう》も生じたのであろう。水は湾々《わんわん》と曲り込んで、そして転折して流れ去る、あたかも開いた扇の左右の親骨を川の流れと見るならばその蟹目《かにめ》のところが即ち西袋である。そこで其処《そこ》は釣綸《つりいと》を垂れ難い地ではあるが、魚は立廻ることの多い自然に岡釣《おかづ》りの好適地である。またその堤防の草原《くさはら》に腰を下して眸《ひとみ》を放てば、上流からの水はわれに向って来り、下流の水はわれよりして出づるが如くに見えて、心持の好い眺めである。で、自分は其処《そこ》の水際《みずぎわ》に蹲《うずくま》って釣ったり、其処《そこ》の堤上《ていじょう》に寝転がって、たまたま得た何かを雑記帳に一行二行記しつけたりして毎日楽《たの》しんだ。特《こと》にその幾日というものは其処《そこ》で好い漁をしたので、家を出る時には既に西袋の景を思浮《おもいうか》べ、路を行く時にも早く雲影水光《うんえいすいこう》のわが前にあるが如き心地さえしたのであった。

その日も午前から午後へかけて少し頭の疲れる難読の書を読んだ後であった。その書を机上に閉じて終《しま》って、半盞《はんさん》の番茶を喫了《きつりょう》し去ってから、

また行ってくるよ。

と家内に一言《いちごん》して、餌桶《えさおけ》と網魚籠《あみびく》とを持って、鍔広《つばひろ》の大麦藁帽《おおむぎわらぼう》を引冠《ひっかぶ》り、腰に手拭《てぬぐい》、懐《ふところ》に手帳、素足に薄くなった薩摩下駄《さつまげた》、まだ低くならぬ日の光のきらきらする中を、黄金色《こがね》に輝く稲田《いなだ》を渡る風に吹かれながら、少し熱いとは感じつつも爽《さわや》かな気分で歩き出した。

川近くなって、田舎道の辻の或腰掛茶店《こしかけぢゃや》に立寄った。それは藤の棚の茶店《ちゃや》といって、自然に其処《そこ》にある古い藤の棚、といってさまで大きくもないが、それに店の半分は掩《おお》われているので人々にそう呼びならされている茶店《ちゃや》である。路行く人や農夫や行商や、野菜の荷を東京へ出した帰りの空車《からぐるま》を挽《ひ》いた男なんどのちょっと休む家《うち》で、いわゆる三文菓子《さんもんがし》が少しに、余り渋くもない茶よりほか何を提供するのでもないが、重宝になっている家《うち》なのだ。自分も釣の往復り《ゆきかえ》に立寄って顔《かお》馴染《なじみ》になっていたので、岡釣《おかづり》に用いる竿の継竿《つぎざお》とはいえ三間半《げんはん》もあって長いのをその度々《たびたび》に携えて往復するのは好ましくないから、此家《ここ》へ頼んで預けて置くことにしてあった。で、今行掛《ゆきがけ》に例の如く此家《ここ》へ寄って、

やあ、今日は、また来ました。

と挨拶して、裏へ廻って自ら《みずか》竿を取出して攩網《たま》と共に引担《ひっかつ》いで来ると、茶店《ちゃや》の婆さんは、

おたのしみなさいまし。好いのが出ましたら些《ちとお》御福《ふくわ》分けをなすって下さいまし。

と笑って世辞《せじ》をいってくれた。その言葉を背中に聴かせながら、

ああ、宜《い》いとも。だがまだボク釣師だからね、ハハハ。

と答えてサッサと歩くと、

でもアテにして待ってますよ、ハハハ。

と背後《うしろ》から大きな声で、なかなか調子が好い。世故《せこ》に慣れているというまででなくても善良の老

人は人に好い感じを持たせる、こういわれて悪い気はしない。駄馬にも篠《しの》の鞭《むち》、という格《かく》で、少しは心に勇みを添えられる。勿論《もちろん》未熟者という意味のボク釣師と自《みず》ら言ったのは謙遜的で、内心に下手《へた》釣師と自ら信じている釣客《ちょうかく》はないのであるし、自分もこの二日ばかりは不結果だったが、今日は好い結果を得たいと念じていたのである。

場処《ばしょ》へ着いた。と見ると、いつも自分の坐るところに小さな児《こ》がチャンと坐っていた。汚れた手拭で頬冠《ほおかむ》りをして、大人《おとな》のような藍《あい》の細かい縞物《しまもの》の筒袖単衣《つつそでひとえ》の裾短《すそみじか》なのの汚れかえっているのを着て、細い手脚《てあし》の渋紙《しぶかみ》色なのを貧相にムキ出して、見すぼらしく蹲《しゃが》んでいるのであった。東京者ではない、田舎の此辺《ここら》の、しかも余り宜《よ》い家《うち》でない家の児であるとは一目に思い取られた。髪の毛が伸び過ぎて領首《えりくび》がむさくなっているのが手拭の下から見えて、そこへ日がじりじり当っているので、細い首筋の赤黒いところに汗が沸《に》えてでもいるように汚らしく少し光っていた。傍《そば》へ寄ったらプンと臭そうに思えたのである。

自分は自分のシカケを取出して、穂竿《ほざお》の蛇口《へびくち》に着け、釣竿を順に続《つな》いで釣るべく準備した。シカケとは竿以外の綸《いと》その他の一具《いちぐ》を称する釣客の語である。その間にチョイチョイ少年の方を見た。十二、三歳かと思われたが、顔がヒネてマセて見えるのでそう思うのだが、実は十一か高々《たかだか》十二歳位かとも思われた。黙ってその児はシンになって浮子《うき》を見詰めて釣っている。潮《しお》は今ソコリになっていてこれから引返《ひっかえ》そうというところであるから、水も動かず浮子も流れないが、見るとその浮子も売物浮子《うりものうき》ではない、木の箸《はし》か何ぞのようなものを、明らかに少年の手わざで、釣糸に徳利《とっくり》むすびにしたのに過ぎなかった。竿も二間《けん》ばかりしかなくて、誰かのアガリ竿を貰いか何ぞしたのであろうか、穂先が穂先になってない、けだし頭が三、四寸折れて失《う》せて終《しま》ったものである。

この児は釣に慣れていない。第一此処《ここ》は浮子釣《うきづり》に適していない場である。やがて潮が動き出せば浮子は沈子《おもり》が重ければ水に撓《しお》られて流れて沈んで終《しま》うし、沈子が軽ければ水と共に流れて終《しま》うであろう。また二間ばかりの竿では、此処《ここ》では鉤先《はりさき》が好い魚の廻るべきところに達しない。岸近《きしぢか》に廻るホソの小魚《こざかな》しか鉤《はり》には来らぬであろう。とは思ったが、それは小児《こども》の釣であるとすればとかくを言うにも及ばぬことであるとして看過すべきであるから宜《よ》い。ただ自分に取って困ったことはその児の居場処《いばしょ》であった。それは自分が坐りたい処である。イヤ坐らねばならぬところである、イヤ当然坐るべきところである、ということであった。

自分が魚餌《えさ》を鉤《はり》に装《よそお》いつけた時であった。偶然に少年は自分の方に面《おもて》を向けた。そして紅桃《こうとう》色《しょく》をしたイトメという虫を五匹や六匹ではなく沢山に鉤に装うところを看詰《みつ》めていた。その顔はただ注意したというほかに何の表情があるのではなかった。しかし思いのほかに目《め》鼻立《はなだち》の整った、そして怜悧《りこう》だか気象が好いか何かは分らないが、ただ阿呆《あほ》げてはいない、狡《こす》いか善良かどうかは分らないが、ただ無茶ではない、ということだけは読取《よみと》れた。

少し気の毒なような感じがせぬではなかったが、これが少年でなくて大人であったなら疾《とっ》くに自分は言出すはずのことだったから、仕方がないと自分に決めて、

兄さん、済まないけれどもネ、お前の坐っているところを、右へでも左へでも宜いから、一間半か二間ばかり退《ど》いておくれでないか。そこは私が坐るつもりにしてあるところだから。

と、自分では出来るだけ言葉を柔《やさ》しくして言ったのであった。

すると少年の面上には明らかに反抗の色が上《あが》った。言葉は何も出さなかったが、眼の中《うち》には威《い》をあらわした。言葉が発されたなら明らかにそれは拒絶の言葉でなくて、何の言葉がその眼の中の或物に伴なおうやと感じられた。仕方がないから自分は自分の意を徹しようとするために再び言葉を費さざるを得なかった。

兄さん、失敬なことを言う勝手な奴だと怒ってくれないでおくれ。お前の竿の先の見当の真直《まっすぐ》のところを御覧。そら彼処《あすこ》に古い「出し杭《ぐい》」が列《なら》んで、乱杭《らんぐい》になっているだろう。その中の一本の杭の横に大きな南京釘《ナンキンくぎ》が打ってあるのが見えるだろう。あの釘はわたしが打ったのだよ。あすこへ釘を打って、それへ竿をもたせると宜いと考えたので、わたしが家《うち》から釘とげんのうとを持って来て、わざわざ舟を借りて彼処《あすこ》へ行って、そして考え定めたところへあの釘を打ったのだよ。それから此処《ここ》へ来る度《たび》にわたしはあの釘へわたしの竿を掛けてあの乱杭の外へ鉤を出して釣るのだよ。で、また私は釣れた日でも釣れない日でも、帰る時にはきっと何時《いつ》でも持って来た餌《えさ》を土

と一つに捏《こ》ね丸めて炭団《たどん》のようにして、そして彼処《あすこ》を狙って二つも三つも抛《ほう》り込んでは帰るのだよ。それは水の流れの上《ゲ》下《ゲ》に連れて、その土が解け、餌が出る、それを魚《さかな》が覚えて、そして自然に魚を其処《そこ》へ廻って来させようというためなのだよ。だからこういう事をお前に知らせるのは私に取って得《とく》なことではないけれども、わたしがそれだけの事を彼処《あすこ》に対してしてあるのだから、それが解ったらわたしに其処《そこ》を譲ってくれても宜《い》いだろう。お前の竿では其処《そこ》に坐っていても別に甲斐があるものでもないし、かえって二間ばかり左へ寄って、それ其処《そこ》に小さい渦《うず》が出来ているあの渦の下端《したば》を釣った方が得がありそうに思うよ。どうだネ、兄さん、わたしはお前を欺《だま》すのでも強いるのでもないのだよ。たってお前が其処《そこ》を退《ど》かないというのなら、それも仕方はないがネ、そんな意地悪にしなくても好いだろう、根が遊びだからネ。

と言って聴かせている中《うち》に、少年の眼の中《うち》は段々に平和になって来た。しかし末に至って自分は明らかにまた新《あらた》に失敗した。少年は急に不機嫌になった。

小父《おじ》さんが遊びだとって、俺が遊びだとは定《きま》ってやしない。

と癇《かん》に触ったらしく投付けるようにいった。なるほどこれは悪意で言ったのではなかったが、己《おのれ》を以《もっ》て人を律するというもので、自分が遊びでも人も遊びと定まっている理はないのであった。公平を失った情懐《じょうかい》を有《も》っていなかった自分は一本打込まれたと是認しない訳には行かなかった。が、この不完全な設備と不満足な知識とを以て川に臨んでいる少年の振舞が遊びでなくてそもそも何であろう。と驚くと同時に、遊びではないといっても遊びにもなっておらぬような事をしていながら、遊びではないように高飛車に出た少年のその無智無思慮を自省せぬ点を憫笑《びんしょう》せざるを得ぬ心が起ると、殆どまた同時に引続いてこの少年をして是《かく》の如き語を突嗟《とっさ》に発するに至らしめたのは、この少年の鋭い性質からか、あるいはまた或事情が存在して然《しか》らしむるものあってか、と驚かされた。

この驚愕は自分をして当面の釣場の事よりは自分を自分の心裏に起った事に引付けたから、自分は少年との応酬を忘れて、少年への観察を敢《あえ》てするに至った。

参った。そりゃそうだった。何もお前遊びとは定《き》まっていなかったが……

と、ただ無意識で正直な挨拶をしながら、自分は凝然《じっ》と少年を見詰めていた。その間《あいだ》に少年は自分が見詰められているのも何にも気が着かないのであろう、別に何らの言語も表情もなく、自分の竿を挙げ、自分の坐をわたしに譲り、そして教えてやった場処に立って、その鉤を下《おろ》した。

ヤ、有難う。

と自分は挨拶して、乱杭のむこうに鉤を投じ、自分の竿を自分の打った釘に載せて、静かに竿頭《さおさき》を眺めた。

少年も黙っている。自分も黙っている。日の光は背に熱いが、川風は帽の下にそよ吹く。堤後《ていご》の樹下《じゅか》に鳴いているのだろう、秋蟬《あきぜみ》の声がしおらしく聞えて来た。

潮は漸《ようや》く動いて来た。魚《うお》はまさに来らんとするのであるがいまだ来ない。川向うの蘆洲《ろしゅう》からバン鴨《がも》が立って低く飛んだ。

少年はと見ると、干極《そこり》と異なって来た水の調子の変化に、些細の板沈子《いたおもり》と折箸《おればし》の浮子《うき》とでは、うまく安定が取れないので、時々竿を挙げては鉤を打返《うちかえ》している。それは座を易《か》えたためではないのであるが、そう思っていられると思うと不快で仕方がない。で、自分は声を掛けた。

兄さん、此処《ここ》は潮《しお》の突掛《つっか》けて来るところだからネ、浮子釣《うきづり》ではうまく行かないよ。沈子釣《おもりづり》におしよ。

浮子釣では釣れないかい。

釣れないとは限らないが、も少し潮が利いて来たら餌がフラフラし過ぎるし、釣《つり》づらくて仕方がないだろう。

今でも釣りづらいよ。

そうだろう。沈子を持っていないなら、此処《ここ》へおいで。沈子もあげようし、シカケも直してあげよう。

沈子をくれる？

ああ。

自分の気持も坦夷《たんい》で、決して親切でないものではなかった。それが少年に感知されたからであろう、少年も平和で、そして感謝に充ちた安らかな顔をして、竿を挙げてこちらへやって来た。はじめてこの時少年の面貌風采《ふうさい》の全幅を目にして見ると、先刻《さっき》からこの少年に対して自分の抱いていた感想は全く誤っていて、この少年もまた他の同じ位の年齢の児童と同様に真率で温和で少年らしい愛らしい無邪気な感情の所有者であり、そしてその上に聡明さのあることが感受された。その眼は清らかに澄み、その面《おもて》は明らかに晴れていた。自分は小嚢《こぶくろ》から沈子《おもり》を出して与え、かつそのシカケを改めて遣《や》ろうとした。ところが少年は、

いいよ、僕、出来るから。

といって、自《みずか》らシカケを直した。一ト通りの沈子鈎《おもりづり》の装置の仕方ぐらいは知っているのであったが、沈子のなかったために浮子鈎《うきづり》をしていたのであったことが知られた。

少年の用いていた餌はけだし自分で掘取ったらしい蚯蚓《みみず》であったから、聊《いささ》かその不利なことが気の毒に感じられた。で、自分の餌桶を指示《さししめ》して、

この餌を御使いよ、それでは魚《さかな》の中《あた》りが遠いだろうから。

少年は遠慮した様子をちょっと見せたが、それでも餌の事も知っていたと見えて、嬉しそうな顔になって餌を改めた。が、僅《わずか》に一匹の虫を鉤《はり》に着けたに過ぎなかったから、

もっとお着け、魚は餌で釣るのだからネ。

少年はまた二匹ばかり着け足した。

今まで何処《どこ》で釣っていたのだい、此処《ここ》は浮子釣りなんぞでは巧《うま》く行かない場だよ。

今までは奥戸の池で釣ってたよ、昨日《きのう》も一昨日《おととい》も。

釣れたかい。

ああ、鮒《ふな》が七、八匹。

奥戸というのは対岸で、なるほどそこには浮子釣に適すべき池があることを自分も知っていた。しかし今時分の鮒を釣っても、それが釣という遊びのためでなくって何の意味を為そう。桜の花頃から菊の花過ぎまでの間の鮒は全く仕方のないものである。自分には合点が行かなかったから、遊びじゃないように先刻《さっき》お言いだったが、今の鮒なんか何にもなりはしない、やっぱり遊びじゃないか。

というと、少年は急に悲しそうな顔をして気色《けしき》を曇らせたが、
でも僕には鮒のほかのものは釣れそうに思えなかったからネ。お相撲《すもう》さんの舟に無銭《ただ》で乗せてもらって往還《ゆきかえ》りして彼処《あすこ》で釣ったのだよ。

無銭《ただ》で乗せてもらっての一語は偶然にその実際を語ったのだろうが、自分の耳に立って聞えた。お相撲さんというのは、当時奥戸の渡船守《わたしもり》をしていた相撲上《あが》りの男であったのである。少年の談《はなし》の中には裏面に何か存していることが明白に知られた。

そうかい。そしてまた今日はどうして此処《ここ》へ来たのだい。

だってせっかく釣って帰っても、今小父《おじ》さんの言った通りにネ、昨日《きのう》は、こんな鮒なんか不味《まず》くて仕様がない、も少し気の利いた魚でも釣って来いって叱られたのだもの。

誰に。

お母《つか》さんに。

じゃお母《つか》さんに吩咐《いいつけ》られて釣に出ているのかい。

アア。下《くだ》らなく遊んでいるより魚でも釣って来いッてネ。僕下らなく遊んでいたんじゃない、学校の復習や宿題なんかしていたんだけれど。

ここに至って合点が出来た。油然《ゆうぜん》として同情心が現前《まのあたり》の川の潮のように突掛《つっか》けて来た。

ムムウ。ほんとのお母《つか》さんじゃないネ。

少年は吃驚《びっくり》して眼を見張って自分の顔を見た。が、急に無言になって、ポックリちょっと頭《かしら》を下げて有難うという意を表したまま、竿を持って前の位置に帰った。その時あたかも自分の鉤に魚《うお》が中《あた》った。型の好いセイゴが上《あが》って来た。

少年は羨《うらや》ましそうに予《よ》の方を見た。

続いてまた二尾《ひき》、同じようなのが鉤《はり》に来た。少年は焦《あせ》るような緊張した顔になって、羨《うらやま》しげに、また少しは自分の鉤に何も来ぬのを悲しむような心を蔽いきれずに自分の方を見た。

しばらく彼も我も無念《しん》になって竿先を見守ったが、魚の中《あた》りはちょっと途断《とだ》えた。

ふと少年の方を見ると、少年はまじまじと予の方を見ていた。何か言いたいような風であったが、談話の緒《ちょ》を得ないというのらしい、ただ温和な親しみ寄りたいというが如き微笑を幽《かすか》に湛《たた》えて予と相見た。と同時に予は少年の竿先に魚の来《きた》ったのを認めた。

ソレ、お前の竿に何か来たよ。

警告すると、少年は慌《あわ》てて向直ったが早いか敏捷に巧い機《しお》に竿を上げた。かなり重い魚であったが、引上げるとそれは大きな鮒であった。小さい畚《ふご》にそれを入れて、川柳の細い枝を折取って跳出《はねだ》さぬように押え蔽った少年は、その手を小草《おぐさ》でふきながら予の方を見て、

小父《おじ》さん、また餌をくれる？

と如何にも欲しそうに言った。

アア、あげる。

少年は竿を手にして予の傍《かたえ》へ来た。

好《い》い鮒だったネ。

よくっても鮒だから。せっかく此処《ここ》へ来たんだけれどもネエ。

と失望した口ぶりには、よくよく鮒を得たくない意《こころ》で胸が一《いっ》パイになっているのを現わしていた。

どうもお前の竿では、わんどの内側しか釣れないのだから。

と慰めてやった。わんどとは水の彎曲した半円形をいうのだ。が、かえってそれは少年に慰めに

はならずに決定的に失望を与えたことになったのを気づいた途端に、予の竿先は強く動いた。自分はもう少年には構っていられなくなった。竿を手にして、一心に魚のシメ込《こみ》を候《うかが》った。魚は式《かた》の如くにやがて喰総《くいし》めた。こっちは合せた。むこうは抵抗した。竿は月の如くになった。綸《いと》は鉄《はり》線《がね》の如くになった。水面に小波《さざなみ》は立った。次いでまた水の綾《あや》が乱れた。しかし終《つい》に魚は狂い疲れた。その白い平《ひら》を見せる段になってとうとうこっちへ引寄せられた。その時予の後《しりえ》にあって攩網《たま》を何時《いつ》か手にしていた少年は機敏に突《つ》とその魚を撈《すく》った。

魚は言うほどもないフクコであったが、秋下《あきくだ》りのことであるし、育ちの好いのであったから、二人の膳に上《のぼ》すに十分足りるものであった。少年は今はもう羨《うらや》みの色よりも、ただ少年らしい無邪気の喜色に溢《あふ》れて、頬を染め目を輝かして、如何にも男の児らしい美しさを現わしていた。

それから続いて自分は二尾《ひき》のセイゴを得たが、少年は遂に何をも得なかった。時は経《た》った。日は堤の陰に落ちた。自分は帰り支度にかかって、シカケを収め、竿を収めはじめた。

少年はそれを見ると、

小父《おじ》さんもう帰るの？

と予に力ない声を掛けたが、その顔は暗かった。

アア、もう帰るよ。まだ釣れるかも知れないが、そんなに慾張っても仕方はないし、潮も好いところを過ぎたからネ。

と自分は答えたが、まだ余っている餌を、いつもなら土に和《あ》えて投げ込むのだけれど、今日はこの児に遺《のこ》そうかと思って、
餌が余っているが、あげようか。

といった。少年は黙って立ってこちらへ来た。しかし彼は餌を盛るべき何物をも持っていなかった。彼は古新聞紙の一片に自分の餌を包《くる》んで来たのであったから。差当って彼も少年らしい当惑の色を浮めたが、予にも好い思案はなかった。イトメは水を保つに足るものの中に入れて置かねば面白くないのである。

やっぱり小父《おじ》さんが先刻《さっき》話したようにした方が宜《い》い。明日《あした》また小父さんに遇《あ》ったら、小父さんその時に少しおくれ。

といって残り惜しそうに餌を見た彼の素直な、そして賢い態度と分別は、少からず予を感動させた。よしんば餌入れがなくて餌を保てぬにしても、差当り使うだけ使って、そこらに捨てて終《しま》いそうなものである。それが少年らしい当然な態度でありそうなものであらねばならぬのである。

お前も今日はもう帰るのかい。

アア、夕方のいろんな用をしなくてはいけないもの。

夕方の家事雑役をするということは、先刻《さっき》の遊びに釣をするのでないという言葉に反映し合っ

て、自分の心を動かさせた。

ほんとのお母《つか》さんでないのだネ。明日《あす》の米を磨いだり、晩の掃除をしたりするのだネ。

彼はまた黙った。

今日も鮒を一尾《ぴき》ばかり持って帰ったら叱られやしないかネ。

彼は黯然《あんぜん》とした顔になったが、やはり黙っていた。その黙っているところがかえって自分の胸の中《うち》に強い衝動を与えた。

お父《とっ》さんはいるのかい。

ウン、いるよ。

何をしているのだい。

毎日亀有《かめあり》の方へ通って仕事している。

土工かあるいはそれに類した事をしているものと想像された。

お前のお母《つか》さんは亡くなったのだネ。

ここに至ってわが手は彼の痛処《つうしょ》に触れたのである。なお黙ってはいたが、コックリと点頭《てんとう》して是認した彼の眼の中には露が潤《うる》んで、折から真赤に夕焼けした空の光りが華々《はなばな》しく明るく落ちて、その薄汚い頰被《ほおかむ》りの手拭、その下から少し洩《も》れている額《ひたい》のぼうぼう生えの髪さき、垢《あか》じみた赭《あか》い顔、それらのすべてを無残に暴露した。

お母《つか》さんは何時《いつ》亡くなったのだい。

去年。

といった時には、その赭い頬に涙の玉が稲葉《いなば》をすべる露のようにポロリと滾転《こんてん》し下《くだ》っていた。

今のお母《つか》さんはお前をいじめるのだナ。

ナーニ、俺が馬鹿なんだ。

見た訳ではないが情態は推察出来る。それだのに、ナーニ、俺が馬鹿なんだ、というこの一語でもって自分の問《とい》に答えたこの児の気の動き方というものは、何という美しさであろう、我《われ》恥かしい事だと、愕然として自分は大《おお》に驚いて、大鉄鎚《だいてっつい》で打たれたような気がした。釣の座を譲れといって、自分がその訳を話した時に、その訳がすらりと呑込めて、素直に座を譲ってくれたのも、こういう児であったればこそと先刻《さっき》の事を反顧《はんこ》せざるを得なくもなり、また今残《のこ》り餌《え》を川に投げる方が宜いといったこの児の語も思合《おもいあわ》されて、田野の間《かん》にもこういう性質の美を持って生れる者もあるものかと思うと、無限の感が涌起《ようき》せずにはおられなかった。

自分はもう深入りしてこの児の家の事情を問うことを差控えるのを至当の礼儀のように思った。ではは兄さん、この残り餌を土で団《まる》めておくれでないか、なるべく固く団めるのだよ、そうしておくれ。そうしておくれなら、わたしが釣った魚《さかな》を悉皆《すっかり》でもいくらでもお前の宜いだけお前にあげる。そしてお前がお母《つか》さんに機嫌を悪くされないように。そうしたらわたしは大へん嬉しいのだから。

自分は自分の思うようにすることが出来た。少年は餌の土団子《つちだんご》をこしらえてくれた。自分はそれを投げた。少年は自分の釣った魚《うお》の中からセイゴ二尾《ひき》を取って、自分に対して言葉は少いが感謝の意は深く謝した。

二人とも土堤へ上《あが》った。少年は土堤を川上の方へ、自分は土堤の西の方へと下りる訳だ。別れの言葉が交された時には、日は既に収まって、夕風が袂《たもと》涼しく吹いて来た。少年は川上へ堤上を辿《たど》って行った。暮色は漸《ようや》く逼《せま》った。肩にした竿、手にした畚《ふご》、筒袖《つつそで》の裾短《すそみじ》かな頬冠り姿の小さな影は、長い土堤の小草の路のあなたに段々と小さくなって行く踽々然《くくぜん》たるその様。自分は少時《しばらく》立って見送っていると、彼もまたふと振返ってこちらを見た。自分を見て、ちょっと首《かしら》を低くして挨拶したが、その眉目《びもく》は既に分明《ぶんみょう》には見えなかった。五位鷺《ごいさぎ》がギャアと夕空を鳴いて過ぎた。

その翌日も翌々日も自分は同じ西袋へ出かけた。しかしどうした事かその少年に復《ふた》び会うことはなかった。

西袋の釣はその歳限《としぎ》りでやめた。が、今でも時々その日その場の情景を想い出す。そして現社会の何処《どこ》かにその少年が既に立派な、社会に対しての理解ある紳士となって存在しているように想えてならぬのである。

解題

この本に収めたエッセイはすべて、釣りという遊びを筆者たちがいかに楽しんでいるかを語ったものである。ここでは、筆者たちと釣りとのかかわりを簡略ながら紹介することで解題としたい。

辻まこと

登山家。独自な表現世界をもつ画家、エッセイストでもある。登山家らしい「実用的な」渓流釣りの話が数ある山のエッセイ集のなかに散見される。「山中暦日」は『山で一泊』（創文社）所収。作品を集成した『辻まことの世界』（みすず書房）がある。一九一三〜七五年。

船井裕

画家。長く大阪芸術大学で教えた。中年になってからフライ・フィッシングを始め、後には大学の裏山の竹を切って、バンブー・ロッドを自作するほどこの遊びに打ち込んだ。残念ながら釣りのエッセイは数篇あるのみ。「毛鉤釣《フライフィッシング》雑記」（アテネ書房刊行の『ザ・フライフィッシング』所収）が楽しい。「横谷源流」は『岩魚幻談』（朔風社）所収。一九三二〜二〇一〇年。

山本素石

随筆家。関西の渓流釣りの大御所的存在でもあった。ノータリンクラブという釣り仲間の会を主宰し、渓流釣りに明け暮れた。怪蛇ツチノコの探索に熱中して話題を呼び、自ら『逃げろツチノコ』(二見書房)なる怪著をものした。テンカラという和式毛鉤釣りを広めた功績がある。「ねずてん物語」は『釣山河』(二見書房)所収。全集ともいうべき『山本素石の本　全四巻』(筑摩書房)がある。一九一九〜八八年。

河合雅雄

サル学が専門の生物学者。日本モンキーセンター所長などをつとめ、世界に名高い日本のサル学を確立した。京都大学名誉教授。「おばけ鮒と赤い灯」は、丹波篠山でのわんぱく少年時代の回想的エッセイ『少年動物誌』(現・福音館文庫)中の一篇である。一九二四年生まれ。

開高健

小説家。戦後日本を代表する文学者の一人である。世界を股にかけて豪快に展開したこの人の釣りについては、主要なものがテレビで放映されたしビデオにも残されている。また、『フィッシュ・オン』『オーパ!』など釣り紀行文も多数ある。本書に収録した一篇は最初の釣りの本『私の釣魚大全』(現・文春文庫)所収。小説家の釣りの原点を示しているかのよう。一九三〇〜八九年。

髙橋治

小説家。映画監督から作家に。その釣り歴は長く、しかも本格的。なにしろ第九十回直木賞を受賞した『秘伝』は、長崎の鯛釣り漁師二人の話である。「アカメ後日譚」は長編小説『流域』（現・新潮文庫）からとった。『流域』は小説の進行の中に、作家の実体験を語るエッセイが何篇か挿入されているユニークな構成で、本篇はその一つである。一九二九年生まれ。

舟越保武

彫刻家。代表作は「長崎二十六殉教者記念像」「原の城」とされるが、静かな美しさをたたえた女性像などは第一級の芸術である。中年からフライ・フィッシングを楽しみ、それを語った文章が数篇残されている。「後山川の夜」は『渓流釣り　VOL2／一九八六』（朔風社）所収。一九一二～二〇〇二年。

森下雨村

編集者、探偵小説作家。雑誌「新青年」（一九二〇年創刊、博文館）の創刊編集長として名高い。江戸川乱歩、横溝正史等が「新青年」から世に出ていった。一九四〇年、東京での仕事をやめ、郷里の高知県佐川町で帰農。農事のかたわら釣りに熱中した。その間、秘かに釣りエッセイを書きためていて、没後『猿猴 川に死す』（関西のつり社、一九六九年刊。現・小学館文庫、平凡社ライブラリー）にまとめられた。一八九〇～一九六五年。

井伏鱒二

昭和の日本文学を代表する作家の一人。昭和の初め頃、新聞記者で高名なアユ釣り師だった佐藤垢石に「弟子入り」してアユ釣りを習った。垢石については、そのつき合いを回想した『釣人』という長い随筆がある。また釣りに関する作品集としては『川釣り』(現・岩波文庫)が著名。「グダリ沼」はそこからとった。一八九八〜一九九三年。

野田知佑

エッセイスト。カヌーイスト。わが国にカヌーをはやらせた元祖といってもいいだろう。豪快な行動家であるいっぽうで、精緻で柔軟な視線で自然を語るエッセイにファンは多い。とりわけ熱心な釣り師ではないが、エッセイのところどころに少年のような魚とりの話が出てくる。「吉井川」は初期の代表作『日本の川を旅する』(現・新潮文庫)所収の一篇。一九三八年生まれ。

西木正明

小説家。「凍れる瞳」「端島の女」で第九十九回直木賞受賞。若い頃からアラスカと縁があり、現在でもアラスカの一角に家をもっていて年に数回、釣りを楽しんで過ごす。また、郷里の秋田県西木村(現・仙北市)に近い谷々で足跡の至らざるはない。「座談の名手ジム・リパイン」は「フライロッダーズ」(「ロッド&リール」一九九九年四月号別冊)に掲載された。一九四〇年生まれ。

夢枕獏

小説家。「陰陽師」シリーズ、「餓狼伝」シリーズなどで多数の読者をもつ。『本日釣り日和』(日本編、海外編、ともに中公文庫)などの釣りの著作がある。現役バリバリの釣り師で、近年は海外で釣りを楽しむことが多いようだ。「キャンベルリバーのキングサーモン」は雑誌「Fishing Café」(二〇〇九年冬号)で語った体験談である。一九五一年生まれ。

幸田露伴

小説家。執筆活動は明治、大正、昭和と三代にわたる、日本近代文学を代表する文学者の一人。若い頃は東京の南葛飾郡寺島村（現・墨田区東向島）に住んで中川や東京湾の釣りに熱中した。本書に収録した「蘆声」はその頃の体験をもとにしている。釣りを素材にした小説は「幻談」（ともに岩波文庫『幻談・観画談』所収）が有名だが、「蘆声」こそ露伴のゆったりした魅力的な世界を味わえる。「釣車考」「鉤の談」など釣りにまつわる考證随筆も出色。一八六七〜一九四七年。

（湯川豊記）

（附記・本書を編集するに当たって、「淡路魚釣り文庫」主宰の松林眞弘氏のご協力をいただいた。記して感謝します。）

編者略歴

（ゆかわ・ゆたか）

エッセイスト．1938年，新潟市生まれ．1964年～2003年，文藝春秋に勤務．釣りのエッセイ集に『イワナの夏』『夜明けの森，夕暮れの谷』（ともに，現在ちくま文庫）がある．

《大人の本棚》
安楽椅子の釣り師
湯川豊編

2012年 5月15日 印刷
2012年 5月25日 発行

発行所 株式会社 みすず書房
〒113-0033 東京都文京区本郷5丁目32-21
電話 03-3814-0131(営業) 03-3815-9181(編集)
http://www.msz.co.jp

本文組版 キャップス
本文印刷所 平文社
扉・表紙・カバー印刷所 栗田印刷
製本所 誠製本

Printed in Japan
ISBN 978-4-622-08098-5
[あんらくいすのつりし]
落丁・乱丁本はお取替えいたします